G. A. Feldman · Zur Wachstumstheorie des Nationaleinkommens

G. A. Feldman

Zur Wachstumstheorie des Nationaleinkommens

Herausgegeben von
Prof. Dr. habil. O. Kratsch

AKADEMIE-VERLAG · BERLIN
1969

Russischer Originaltitel
К теории роста народного дохода

Herausgegeben von Prof. Dr. habil. O. Kratsch
im Auftrag des Instituts für Wirtschaftswissenschaften
der Deutschen Akademie der Wissenschaften zu Berlin

Ins Deutsche übersetzt und wissenschaftlich bearbeitet von
Prof. Dr. habil. O. Kratsch, Berlin

Wissenschaftliche Kontrollredaktion:
Dipl. oec. Hans-Dieter Anders und Dipl. oec. Hans Schilar,
beide Berlin

Erschienen im Akademie-Verlag GmbH, 108 Berlin, Leipziger Straße 3–4

Lektor: Dieter Graf
Umschlag-Gestaltung: Nina Striewski
Lizenznummer: 202 · 100/33/69
Herstellung: IV/2/14 VEB Werkdruck, 445 Gräfenhainichen · 3080
Bestellnummer: 5698 · ES 5 B 2
13,–

Vorwort des Herausgebers

I.

Eines der wesentlichsten Merkmale der sozialistischen Ökonomik ist ihr kontinuierliches Wachstum. Die allgemeine Grundlage dieses Wachstums ist die planmäßige Entwicklung der Volkswirtschaft nach einem gesamtgesellschaftlichen Plan, in dem die gesellschaftlichen Zielstellungen weitgehend mit den individuellen und kollektiven Interessen in Übereinstimmung gebracht sind. Jeder langfristige Wirtschaftsplan enthält eine Wachstumskonzeption: Die Zielfunktion der Volkswirtschaft und die Entwicklung der Systemelemente dieser Funktion in Abhängigkeit von den konkreten Wachstumsbedingungen in der Planperiode. Die Wachstumsraten des gesellschaftlichen Gesamtprodukts, des Nationaleinkommens und seiner Bestandteile, der Produktionsfonds, der Effektivitätskoeffizienten u. a. m. gehören seit jeher zu den wichtigsten Parametern des Perspektivplans einer sozialistischen Volkswirtschaft.

Aus dem Wesen der langfristigen Volkswirtschaftsplanung folgt somit zwangsläufig, daß eine sozialistische Wachstumstheorie mit Notwendigkeit entstehen mußte, eine Wachstumstheorie, deren spezieller Gegenstand es ist, „die langfristigen Veränderungen des Nationaleinkommens und seiner Bestandteile" (Kalecki) zu untersuchen, die sich das Ziel stellt, „den möglichen Umfang und die Wachstumstempi der Konsumtion der Bevölkerung in Abhängigkeit von der Struktur der Volkswirtschaft zu bestimmen" (Feldman). Es konnte nur eine Frage der Zeit sein, wann diese spezielle Theorie, deren wichtigste Parameter seit Bestehen der Planwirtschaft Gegenstand wirtschaftspolitischer Entscheidungen sind, theoretisch vollständig formuliert werden würde.

In der Tat sind wesentliche Grundlagen einer sozialistischen Wachstumstheorie schon von Karl Marx entwickelt worden, denn die Wachstumstheorie ist Bestandteil der marxistischen Reproduktionstheorie. Die Wachstumstheorie erforscht bestimmte Aspekte der gesellschaftlichen Reproduktion, namentlich die Voraussetzungen und Bedingungen für ein langfristig optimales Wachstum des Nationaleinkommens. Insofern bilden die allgemeinen Gleichgewichts- und Wachstumsbeziehungen, die Karl Marx im „Kapital" allseitig erforschte und in den bekannten Reproduktionsschemata modellmäßig darstellte, die unerläßliche Ausgangsbasis wachstumstheoretischer Forschungen. Aber die spezielle sozialistische Wachstumstheorie konnte erst Gestalt annehmen, nachdem die sozialistische Gesellschaftsordnung selbst entstanden war und in der Planungspraxis der sozialistischen Volkswirtschaft ständig Wachstumsprobleme zu lösen waren.
Das erste ökonomische Wachstumsmodell ist vor etwa 40 Jahren in der Sowjetunion ausgearbeitet worden. Sein Schöpfer war Grigori Alexandrowitsch Feldman, den man zu Recht als den Begründer der marxistischen Wachstumstheorie bezeichnen darf.

II.

Ebensowenig, wie es ein Zufall ist, daß das erste Wachstumsmodell einer Volkswirtschaft in dem ersten und damals einzigen sozialistischen Staat entstand, ebensowenig war es sicher ein Zufall, daß der erste, der ein Wachstumsmodell ausarbeitete, eine naturwissenschaftlich-technische Ausbildung absolviert hatte, bevor er in der Wirtschaftsplanung tätig wurde.
Grigori Alexandrowitsch Feldman ist am 27. August 1884 in Rostow am Don geboren worden. Er studierte Elektrotechnik (u. a. auch in Deutschland), damals sicher der jüngste Zweig der technischen Wissenschaften. Ab 1912 wurde er dann als Elektroingenieur in Petrograd und Moskau tätig.
Nach der Oktoberrevolution wurde G. A. Feldman Mitarbeiter des Obersten Volkswirtschaftsrates der UdSSR,

des zentralen Leitungsorgans der Sowjetwirtschaft. Eine der vorrangigsten Aufgaben, die damals zu lösen waren, war die Ausarbeitung des GOELRO-Plans, des ersten Perspektivplans zur Wiederherstellung und sozialistischen Rekonstruktion der Volkswirtschaft Sowjetrußlands auf der Grundlage der Elektrifizierung.

Der GOELRO-Plan, der auf Weisung W. I. Lenins ausgearbeitet und im Dezember 1920 vom VIII. Allrussischen Sowjetkongreß gebilligt wurde, ist der erste langfristige Perspektivplan zur Entwicklung einer Volkswirtschaft in der Geschichte. Denn dieser Plan beschränkte sich nicht nur auf die Festlegung, im Verlaufe von 10–15 Jahren 20 Wärmekraftwerke und 10 Wasserkraftwerke mit einer Gesamtkapazität von mehr als 1500 MW zu errichten, um die Elektroenergieerzeugung von 1,35 Md. kWh (1913) auf 8,8 Md. kWh steigern zu können. Vielmehr wurden durch das Elektrifizierungsprogramm die Orientierungsgrößen für alle übrigen Zweige der Volkswirtschaft vorgegeben, um einerseits die produktionsmäßigen Voraussetzungen für die Realisierung dieses Programms (Entwicklung des Bergbaus, des Bauwesens, des Energieanlagenbaus u. a. m.), andererseits die Voraussetzung für die rationelle Nutzung der Elektroenergie zu schaffen. So war im Plan vorgesehen, die Produktion der Großindustrie auf das 1,8–2-fache (im Vergleich zu 1913) zu erhöhen; es wurden Maßnahmen für die zweckmäßige Standortverteilung der Produktivkräfte erarbeitet (Aufteilung des Landes in mehrere Wirtschaftsgebiete); es wurde bestimmt, welche Güter für den Export bereitzustellen waren, um die benötigten Devisen für den Ankauf dringender Anlagen zu sichern u. a. m.

An der Ausarbeitung dieses großartigen Projektes, das Lenin als das zweite Parteiprogramm bezeichnete, nahm unter Leitung von G. M. Krshishanowski ein großes Kollektiv von etwa 200 Wissenschaftlern, Experten in ihren Fachgebieten, unmittelbar teil. Den Kern dieses Kollektivs bildeten die Mitarbeiter der Abteilung „Elektrizität" des Obersten Volkswirtschaftsrates, dem auch G. A. Feldman angehörte. In den Materialien der Kommission zur Ausarbeitung des GOELRO-Plans wird er mehrfach als Mitarbeiter genannt.

G. A. Feldman gehört somit zu den Pionieren der volkswirtschaftlichen Perspektivplanung. Er war damals Mitte 30. Hier mögen sich erstmals Vorstellungen entwickelt haben, die ihm geläufigen modernen mathematischen Verfahren in der Analyse und Projektierung der komplizierten ökonomischen Entwicklungsprozesse anzuwenden. Später, 1928, formulierte er diese Überlegungen wie folgt: „Eine unkomplizierte Methodik der Planung ist für ein solch kompliziertes System, wie es die Volkswirtschaft darstellt, unvorstellbar. Andererseits kennen wir keine vollkommenere Form der Analyse als die Mathematik ... Wir sind überzeugt, daß eine mehr oder weniger vollkommene Planung der Volkswirtschaft nur auf der Grundlage einer exakten, mathematisch formulierten Theorie möglich ist."

Im Februar 1923 wurde Feldman von G. M. Krshishanowski in die Staatliche Plankommission der UdSSR (die 1921 gebildet worden war) berufen. Hier wurde er Mitarbeiter der Abteilung „Konjunktur der Weltwirtschaft". G. A. Feldman beschäftigte sich vornehmlich mit der vergleichenden Analyse der Volkswirtschaftsstruktur und -dynamik in den USA und der UdSSR für langfristige Perioden.

Nachdem Feldman seit 1924 periodisch Übersichten über die Wirtschaftskonjunktur der kapitalistischen Länder, vor allem Deutschlands und der USA, publizierte, in denen er sich um die Aufdeckung bestimmter quantitativer Beziehungen zwischen den ökonomischen Parametern bemühte, trat er 1927 bereits mit einer Arbeit hervor, in der erstmals wachstumstheoretische Gedanken formuliert wurden. In dem Beitrag „Überlegungen zur Struktur und Dynamik der Volkswirtschaft der USA in den Jahren von 1850 bis 1925 und der UdSSR in der Zeit von 1926/27 bis 1940/41", veröffentlicht in der Zeitschrift „Planowoje chosjaistwo" (1927, Heft 7), untersuchte Feldman die Zeitreihen über die langfristige Entwicklung des Kapitals und des Nationaleinkommens sowie die Veränderung der Fondsquote (Nationaleinkommen im Verhältnis zu den Produktionsfonds) als Effektivitätskennziffern der gesellschaftlichen Produktion am Beispiel der USA. Auf der Grundlage der ermittelten Haupttendenzen in der Dynamik dieser Kennziffern erarbeitet er eine erste Prognose über die Entwicklung der Volkswirtschaft der UdSSR in den Jahren bis 1940/41.

Das Hauptwerk G. A. Feldmans zur Wachstumstheorie ist der Beitrag „Zur Wachstumstheorie des Nationaleinkommens“, veröffentlicht ebenfalls in der Zeitschrift „Planowoje chosjaistwo“ (1928, Heft 11 und Heft 12). Dies ist die Arbeit, die wir nunmehr in deutscher Übersetzung vorlegen.

1929 erschienen noch zwei weitere Artikel von G. A. Feldman in der „Planowoje chosjaistwo“. In Heft 2 wurde der Beitrag „Über die Limite der Industrialisierung“ publiziert, in dem er den politischen Aspekt des volkswirtschaftlichen Wachstums unter den konkreten Bedingungen des sozialistischen Aufbaus in der UdSSR beleuchtet, wobei er hier besonders die große Bedeutung des Staates, der Partei und der Gewerkschaften für die Orientierung der Werktätigen auf die gesellschaftlichen Zielstellungen hervorhebt.

In Heft 12 (1929) veröffentlichte G. A. Feldman einen weiteren Artikel über „Die analytische Methode der Perspektivplanung“. Es werden einige Probleme, die in der Arbeit des Jahres 1928 dargelegt worden waren, erläutert. Im Anhang wird eine Analyse über die Entwicklung der wichtigsten Parameter nach den Daten des ersten Fünfjahrplans und aus der Prognose bis 1950 beigefügt, die wir ebenfalls übersetzten und hier vorlegen.

Dies war zugleich die letzte Arbeit, die Feldman zu wachstumstheoretischen Problemen publizierte. Nach seinem Ausscheiden aus der Staatlichen Plankommission der UdSSR (1931) ist er u. a. wieder auf seinem ursprünglichen Fachgebiet tätig gewesen, wobei einige Patente, die seinen Namen tragen, bezeugen, daß Feldman auch im naturwissenschaftlich-technischen Bereich Bedeutendes geleistet hat.

Grigori Alexandrowitsch Feldman ist im Alter von 74 Jahren 1958 in Moskau verstorben.

III.

Die Arbeit Feldmans zur Wachstumstheorie entstand aus einer konkreten gesellschaftlichen Aufgabenstellung.

Zu dieser Zeit war die „Genplankommission“, eine Kommission zur Ausarbeitung eines Generalperspektivplans für die Entwicklung der sowjetischen Volkswirtschaft in den nächsten 10 bis 15 Jahren, gebildet worden. Die Arbeitsgruppe der Staatlichen Plankommission der UdSSR leitete N. A. Kowalewski. Im Auftrage der Genplankommission entwickelte Feldman, der zu den engsten Mitarbeitern Kowalewskis zählte, die methodologischen Grundlagen für die Ausarbeitung dieses langfristigen Perspektivplans.

Man muß sich die damalige Ausgangssituation verdeutlichen, um die wissenschaftlichen Leistungen G. A. Feldmans voll würdigen zu können.

Die Sowjetunion befand sich noch im Anfangsstadium der Industrialisierungsperiode, als Feldman die Grundlagen der sozialistischen Wachstumstheorie schuf. Das Bruttoprodukt der Landwirtschaft, die damals noch nicht kollektiviert war, übertraf noch das der Industrie. Im Wirtschaftsjahr 1927/28 verfügte die Volkswirtschaft der UdSSR über Produktions-Grundfonds in Höhe von 70,4 Mrd. Rubel, davon in der Industrie nur über 9,5 Mrd. Rubel. Es wurden 4 Mrd. kWh Elektroenergie erzeugt (28 kWh pro Kopf der Bevölkerung); in den USA dagegen belief sich die Elektroenergieerzeugung im gleichen Jahr auf etwa 75 Mrd. kWh (700 kWh pro Kopf der Bevölkerung). Ein besonderes Problem bildete die Notwendigkeit, unverzüglich eine große Zahl von zusätzlichen Arbeitsplätzen zu schaffen. Strumilin schrieb damals in einem Artikel, der in der „Planowoje chosjaistwo“ (1929, Heft 3) publiziert wurde: „Im Verlaufe von 5 Jahren (1928/29–1932/33) wird sich der gesamte Bevölkerungszuwachs der UdSSR auf 17,9 Millionen Menschen belaufen (11,8% Zuwachs), darunter im arbeitsfähigen Alter – 9,1 Millionen (11,1%). Wenn man die am Anfang der Fünfjahrplanperiode noch vorhandene agrarische Überbevölkerung auf dem Lande, die wir bislang in der Größenordnung von 8–9 Millionen Menschen ansetzen, hinzufügen, sowie auch die städtische Arbeitslosenarmee, die mehr als eine Million Menschen beträgt, so steht vor uns die außerordentlich große Aufgabe, im anstehenden Fünfjahrplan Arbeitsplätze für etwa 19 Millionen Menschen im arbeitsfähigen Alter zu schaffen.“

Auch die Erfahrungen auf dem Gebiete der Volkswirtschaftsplanung waren noch relativ jung; die späteren Standardformen mit dem entsprechenden Informationssystem waren noch nicht ausgebildet. Der erste Plan war der 1920 beschlossene GOELRO-Plan, der für einen Zeitraum von 10 bis 15 Jahren projektiert war. Ab 1923/24 wurden dann Kontrollziffern für die einzelnen Wirtschaftsjahre ausgearbeitet. Das waren erste Versuche für die Ausarbeitung eines Jahres-Volkswirtschaftsplans, wobei bemerkenswert ist, daß z. B. in den Kontrollziffern für das Wirtschaftsjahr 1923/24 das erste Schema einer Verflechtungsbilanz entwickelt worden war. Etwa ab 1927 begannen die Arbeiten zur Ausarbeitung des ersten Fünfjahrplans. Zur selben Zeit ist dann auch die Genplankommission gebildet worden, die einen langfristigen Perspektivplan zur Entwicklung der sowjetischen Volkswirtschaft für einen Zeitraum von 10–15 Jahren ausarbeiten sollte.

Man muß noch hinzufügen, daß zu jener Zeit die theoretischen Grundlagen der volkswirtschaftlichen Planung, die politische Ökonomie des Sozialismus, noch nicht ausgearbeitet waren. Daraus erklären sich auch einige Formulierungen in den Arbeiten Feldmans, besonders zum Problem der Bewertungen („energetisches Maß“) u. a., die aus heutiger Sicht merkwürdig erscheinen.

G. A. Feldman betrat Neuland, als er den Versuch unternahm, die methodologischen Grundlagen für Prognose und langfristige Perspektivplanung in Form eines Wachstumsmodells zu entwickeln.

IV.

G. A. Feldman formulierte als Zielstellung, „das mögliche Niveau und die Wachstumstempi der Konsumtion der Bevölkerung in Abhängigkeit von der Struktur der Volkswirtschaft zu bestimmen.“

Die Grundform des Feldmanschen Wachstumsmodells reduziert sich auf die Beziehung

$$r = w_k + w_F.$$

Die Wachstumsrate des Nationaleinkommens (Y) wird demnach bestimmt durch die Wachstumsraten der Produktionsfonds (F) und ihrer Effektivität $\left(k = \frac{Y}{F}\right)$.

Diese Grundbeziehung wird in den beiden Abteilungen der gesellschaftlichen Produktion untersucht.

Feldman überprüft zunächst die Möglichkeit, ob bei der Bestimmung des Niveaus und der Struktur der Wirtschaft von den Daten der Reproduktionsschemata von Karl Marx ausgegangen werden kann. Da sie für die mathematische Bearbeitung nicht vollständig geeignet sind, nimmt er einige wesentliche Änderungen vor. Bei grundsätzlicher Beibehaltung der Unterteilung der Ökonomik in zwei Abteilungen (bei Feldman Gruppe E und Gruppe U), wird zunächst als Produkt beider Abteilungen das Nationaleinkommen bestimmt, um jegliche Doppelzählung auszuschalten. Sodann werden die Prinzipien für die Unterteilung der Wirtschaft neu formuliert: Die beiden Abteilungen werden ausschließlich unter dem Aspekt unterschieden, ob sie Produktionsmittel für die Erweiterung der Produktionsstufe, also für den Zuwachs an Nationaleinkommen, liefern, oder ob sie in dieser oder jener Form teilhaben an der Erzeugung der Konsumtionsmittel, die zur Aufrechterhaltung des gegebenen Niveaus erforderlich sind. Es ist also nicht mehr eine Unterteilung in die Produktion von Produktionsmitteln und die Produktion von Konsumtionsmitteln, sondern das Produkt der Gruppe U (Abteilung II) setzt sich sowohl aus Produktionsmitteln (für den Ersatz von Produktionsmitteln im Rahmen des normalen physischen Verschleißes) als auch aus Konsumtionsmitteln zusammen. Feldman bemerkt dazu, daß „die auf diese Weise bestimmte Gruppe U die bemerkenswerte Eigenschaft (hat), daß sie existieren kann auch ohne Gruppe E, allerdings nur unter der Voraussetzung der einfachen Reproduktion."

Sodann werden die Einflüsse der Strukturveränderungen auf das Gesamtergebnis untersucht. Feldman führt zwei Strukturkennziffern ein: 1. den Koeffizienten s_Y, der die Produktionsstruktur, das Verhältnis $\frac{Y_E}{Y_U}$, zum Ausdruck bringt, und 2. die Reproduktionsstruktur der Fonds, das Verhältnis $s_F = \frac{F_E}{F_U}$.

Der Strukturkoeffizient s_F spielt bei Feldman eine besondere Rolle. Er wird als Gradmesser für den Industrialisierungsstand der gesellschaftlichen Produktion gewertet. Dieser Koeffizient s_F, der als Ausdruck technischen Fortschritts (steigende organische Zusammensetzung) in das Modell eingeführt wird, ist durch das Wachstumstempo der Abteilung U und durch Niveau und Wachstumsrate der Fondsquote bestimmt und wirkt seinerseits auf diese Größen zurück.

Die entscheidenden Parameter im Wachstumsmodell Feldmans sind die Rate der produktiven Akkumulation (ΔF, da der moralische Verschleiß gleich Null gesetzt wird) und die Entwicklung des Effektivitätskoeffizienten.

Als Effektivitätskennziffer fungiert die Fondsquote des Nationaleinkommens: $k = \frac{Y}{F}$. Diese Kennziffer ist von Feldman eingeführt worden. Allein schon dadurch hat sich Feldman große Verdienste erworben, denn damit wurden wichtige Grundlagen für die spätere Entwicklung einer volkswirtschaftlichen Effektivitätstheorie gelegt.

Angesichts der dominierenden Stellung, die dieser Effektivitätskoeffizient im Feldmanschen Wachstumsmodell einnimmt, scheint es begründet, auf diese Problematik näher einzugehen.

In den letzten Jahren, seit die Bedeutung der Fondsintensität respektive Fondsquote wieder entdeckt wurde, gibt es in der marxistischen wirtschaftswissenschaftlichen Literatur einen Meinungsstreit darüber, ob die Fondsintensität oder die Arbeitsproduktivität die entscheidende volkswirtschaftliche Effektivitätskennziffer sei. Dabei wird aber oft in unzulässiger Weise vernachlässigt, daß diese Problematik jeweils auf verschiedenen Ebenen erörtert wird. Insbesondere wird außer acht gelassen, daß das Wachstumsmodell die höchste Abstraktionsebene darstellt, in dem die komplizierten Wachstumsprozesse auf einige wenige, aber entscheidende Grundbeziehungen reduziert werden.

Es hängt nun wesentlich von der definitorischen Bestimmung der ökonomischen Zielgröße ab, welche Effektivitätskriterien im Modell gesetzt werden. Wird z. B. die Wachstumsrate vor allem in Abhängigkeit von der Entwicklung der produktiven Akkumulation, von der Entwicklung der Produktionsfonds also, betrachtet, dann ist das Effektivitätskriterium zwangsläufig die Fondsintensität bzw. die

Fondsquote, denn sie zeigt an, wie sich die Wechselbeziehungen zwischen Nationaleinkommen und Fonds gestalten. Der Fondszuwachs respektive die produktive Akkumulation verkörpern hier die qualitative und quantitative Vermehrung der produktiven Einsatzfaktoren insgesamt, während die Fondsintensität respektive die Fondsquote hier die effektive Gesamtwirkung aller Einsatzfaktoren zum Ausdruck bringen.

Diese Funktion kann auch von einer anderen Effektivitätskennziffer ausgeübt werden, wenn die Zielgröße des Modells in entsprechender Weise definiert wird. Feldman weist z. B. auf die Möglichkeit hin, die Arbeitsproduktivität als Effektivitätskennziffer einzusetzen. In diesem Falle würde das Nationaleinkommen definiert als das Produkt aus der Beschäftigtenzahl (B) und der Arbeitsproduktivität je Beschäftigten (a):

$$Y = B \cdot a.$$

Feldman wählte die Fondsquote (k) als allgemeines Effektivitätskriterium und ging dabei von der folgenden Überlegung aus: „Bei Vorhandensein überschüssiger Arbeitskräfte spielt das Wachstum der Produktionsfonds und ihrer Effektivität die entscheidende Rolle für die Wachstumstempi der Produktion. Bei begrenzter Zahl der Arbeitskräfte sind die Tempi durch die Steigerung der Arbeitsproduktivität bedingt, denn in diesem Falle ist die Erhöhung der Effektivität der Produktionsfonds untrennbar mit der Arbeitsproduktivität verbunden." Unter den gegenwärtigen Bedingungen, da die Quellen für die Einbeziehung zusätzlicher Arbeitskräfte nahezu erschöpft sind und die Wachstumsrate der Arbeitskräfte in der natürlichen Zuwachsrate der Bevölkerung ihre Obergrenze hat, würde sich Feldman möglicherweise für die Arbeitsproduktivität als allgemeinem Effektivitätskriterium entschieden haben. Entsprechend der definitorischen Bestimmungen der Zielgröße stehen hier Fondsquote und Arbeitsproduktivität alternativ:

$$Y = F \cdot k; \qquad Y = B \cdot a.$$

Es folgt:

$$F \cdot k = B \cdot a.$$

Diese Beziehungen gelten allerdings nur auf sehr hoher Abstraktionsebene. Im realen Wirtschaftsleben sind beide Parameter durchaus nicht austauschbar, weil jeder von ihnen jeweils nur einen bestimmten Bereich erfaßt: die Arbeitsproduktivität widerspiegelt vornehmlich die Beziehungen zwischen dem Nationaleinkommen und dem *laufenden* Aufwand an lebendiger (und vergegenständlichter) Arbeit, während die Fondsquote das Verhältnis zwischen Nationaleinkommen und dem *einmaligen* (vorgeschossenen) Aufwand zum Ausdruck bringt.

Daraus muß man aber schließen, daß die Wechselbeziehungen, die zwischen der Entwicklung der Fondsquote und der Arbeitsproduktivität bestehen, auch für das Wachstumsmodell relevant sind, daß sich also auch das Wachstumsmodell nicht nur auf eine dieser Effektivitätskennziffern stützen kann.

Dieser Tatsache scheint sich Feldman durchaus bewußt gewesen zu sein, denn am Anfang des 4. Abschnittes, in dem „die Wachstumsbeziehungen zwischen den Größen Y_U, Y_E, k_U, k_E, F_U und F_E" noch einmal allgemein dargestellt werden, schreibt Feldman:

„Diese Gleichungen (die genannten Grundgleichungen – O. K.) decken das Paradoxon auf, daß die Erhöhung der Produktionsfonds bei sinkender Effektivität der Fonds sinkende Wachstumsraten des Nationaleinkommens hervorrufen kann. Daraus folgt, daß die Steigerung der Arbeitsproduktivität nur dann zu einer Erhöhung der Wachstumstempi des Nationaleinkommens führt, wenn sich diese steigende Arbeitsproduktivität letzten Endes in einer erhöhten Effektivität des Fondseinsatzes niederschlägt. Diese Voraussetzung wird aber bei weitem nicht immer gewahrt, denn oft wird die Steigerung der Arbeitsproduktivität mit einem übermäßig hohen Preis erkauft."

Offensichtlich müssen beide Effektivitätskriterien in das Wachstumsmodell eingeführt werden. Feldman entwickelte ein mögliches Grundprinzip, indem er darauf verwies, daß Fondsquote und Arbeitsproduktivität nach formal gleichen Prinzipien gebildet werden können:

$$k = \frac{\text{techn. Koeff.} \times \text{subjekt. Faktor} \times \text{Zahl d. Arbeitsstd.}}{F}$$

$$a = \frac{\text{techn. Koeff.} \times \text{subjekt. Faktor} \times \text{Zahl d. Arbeitsstd.}}{B}$$

Der Grundgedanke besteht also darin, daß für den Vergleich beider Effektivitätskriterien der Aufbau nach gleichen methodologischen Prinzipien unabdingbare Voraussetzung ist.

V.

Das Wachstumsmodell der sozialistischen Volkswirtschaft, das G. A. Feldman für die „Genplankommission" entwickelte, erwies sich als unzureichend, es konnte den gestellten Anforderungen nicht genügen. Die Planprojekte der „Genplankommission" sind nicht bestätigt worden, sondern nach dem GOELRO-Plan wurden die Fünfjahrpläne zum Hauptinstrument der Perspektivplanung.
Wenn man die Ursachen ergründen will, warum sich das Feldmansche Wachstumsmodell damals als unzureichend erwies, dann muß man offensichtlich versuchen, die Stellung des Wachstumsmodells innerhalb des Gesamtsystems der Volkswirtschaftsplanung zu bestimmen.
Wir wissen, daß Feldman bei seinen Projektierungen die realen Möglichkeiten der volkswirtschaftlichen Effektivitätsentwicklung in hohem Grade überschätzt hat, weil er ausschließlich im Extrapolationsverfahren die ermittelten Entwicklungstendenzen auf die künftigen Zeiträume projizierte. Es ist zweifellos ein kardinaler Fehler bei Feldman, daß er immer bei seinen prognostischen Einschätzungen von den Entwicklungstendenzen in den hochentwickelten kapitalistischen Industrieländern ausgeht, daß also die Verbindung zwischen dem theoretischen Modell und der praktischen Realität ausschließlich auf extrapolativem Wege hergestellt wird.
Im Februar 1930 fand in der Staatlichen Plankommission der UdSSR eine Diskussion über den „Genplan" statt. Der damalige Vorsitzende der Staatlichen Plankommission, G. M. Krshishanowski, sprach auf dieser Beratung Worte, die auch heute noch von hoher Aktualität sind: „Genosse Kowalewski versucht z. B. in seinen ‚Arbeitshypothesen', ein System von verallgemeinerten Kennziffern aufzubauen, von dem er glaubt, daß es ihn in den Stand versetzt, mit Hilfe geeigneter mathematischer Verfahren die gesuchten Varianten, die Hauptkennziffern des Generalperspektivplans,

aufdecken zu können. Dabei vergessen einige Genossen, daß über der analytischen und der synthetischen Methode noch eine dritte wichtige Methode steht: die Methode des dialektischen Materialismus. Das dialektische Herangehen an die Realität erfordert vor allem, so in das Wesen der Erscheinungen einzudringen, daß der Prozeß erkennbar wird, der sich ‚aus sich selbst heraus' entwickelt. Das ist natürlich nur dann möglich, wenn in jeder Entwicklungsphase dieser Realität ihre konkreten Hauptkettenglieder sichtbar werden ... Wir kennen wahrscheinlich nur einige wenige Glieder dieser künftigen neuen Wirklichkeit. Ist es dann nicht verfrüht, diese Wirklichkeit mit voreiligen Verallgemeinerungen und mathematische Formeln zu übergießen? ... Angesichts dieser Realität mutet die Behauptung, daß man auf der Grundlage der schon bekannten Glieder dieses Aufbaus einige mathematische Brücken über die Entwicklung der nächsten 10 bis 15 Jahre schlagen könne, etwas eigenartig an ... Seien wir vorsichtig: Der Wissenschaft und ihren Verallgemeinerungen soll der gebührende Platz eingeräumt werden. Aber die vordringlichen Bemühungen sind gegenwärtig auf die tiefgründige Analyse dieser eigenartigen Wirklichkeit zu richten, auf eine bestimmte Umberechnung der Werte ... Unsere Pläne sind keine Literatur, sondern Dokumente, die durch unsere schöpferische Wirklichkeit diktiert sind." („Planowoje chosjaistwo", 1930, Heft 2, S. 7ff.)

Aus diesen Worten, die die reichen Erfahrungen des sowjetischen Planers widerspiegeln, wird zweierlei deutlich. *Einmal* wird offenkundig, daß G. A. Feldman mit seinem Wachstumsmodell seiner Zeit voraus war. Weder waren die Voraussetzungen gegeben, um bestimmte Planungsprozesse mathematisieren zu können, noch war ein solcher Entwicklungsstand der sozialistischen Ökonomik erreicht, der ein relativ gleichmäßiges Wachstum auf hohem Entwicklungsstand der Produktivkräfte für langfristige Perioden ermöglichte. Es standen grundlegende sozialökonomische Umwälzungen noch bevor. Die sowjetische Volkswirtschaft stand damals in der Anfangsetappe der sozialistischen Industrialisierung. Als im Februar 1930 die große Beratung der Projekte der „Genplankommission" stattfand, begann gerade die durchgängige Kollektivierung der Landwirtschaft

in der Sowjetunion. In einer Zeit, in der sich solche gewaltigen revolutionären Prozesse vollziehen, können mathematische Modelle kaum von besonderem Nutzen sein. Es müssen immer die jeweils bestimmenden Hauptkettenglieder der Entwicklung gefunden werden, von denen ausgehend die weitere Entwicklung zu planen ist.
Zum anderen wird aber auch deutlich, daß das mathematische Modell überhaupt nur eine begrenzte Funktion im Gesamtsystem der Planung ausüben kann. Im Wachstumsmodell werden die bestimmenden Hauptparameter der ökonomischen Entwicklung erfaßt, und es werden die wesentlichen Wechselbeziehungen zwischen ihnen aufgedeckt. Aber die konkreten Bedingungen, von denen ihre Entwicklung abhängt, verändern sich ständig. Die Entwicklung der sozialistischen Gesellschaft vollzieht sich in Etappen. Aus diesen Gründen kann das mathematische Wachstumsmodell nur ein Hilfsinstrument der Planung sein.
Worin besteht dann aber die Bedeutung der sozialistischen Wachstumstheorie? Der Prozeß der volkswirtschaftlichen Planung ist ein zutiefst schöpferischer und mobilisierender Prozeß, an dem alle Werktätigen in ihrer Doppelfunktion als sozialistische Eigentümer und Produzenten beteiligt sind. Alle diese vielfältigen Aktivitäten münden über den Betriebsplan, über den Plan des Zweiges und der Territorialeinheit usw. ein in den volkswirtschaftlichen Gesamtplan. In diesem soll die optimale Übereinstimmung zwischen den gesellschaftlichen und den individuellen Interessen, zwischen dem Ziel und den gegebenen Ressourcen, zwischen Produktion und Bedarf, zwischen kurzfristiger und langfristiger Zielstellung usw. ständig erneut hergestellt werden. Das ist aber ohne die Entwicklung eines entsprechenden wissenschaftlichen Instrumentariums für die Planung nicht möglich. Der sozialistischen Wachstumstheorie kommt hier eine besondere Bedeutung zu, denn sie erarbeitet vorwiegend die allgemeinen Kriterien, an denen gemessen werden kann, inwieweit die verschiedenen Teilsysteme der Ökonomik zur Effektivität des Gesamtsystems beitragen und ob dieser Beitrag optimalen Bedingungen entsprechen kann. Die sozialistische Wachstumstheorie erforscht die allgemeinen Gesetzmäßigkeiten des ökonomischen Wachstums, die Faktoren dieses Wachstums und die Substitutionsbeziehungen

zwischen den Faktoren und entwickelt auf diese Weise die methodologischen Grundlagen für die strategischen wirtschaftspolitischen Entscheidungen.

Die Bedeutung der marxistischen Wachstumstheorie kann kaum überschätzt werden. Aber diese Aufgaben kann die Wachstumstheorie nur erfüllen, wenn alle Zweige dieser Disziplin gleichermaßen entwickelt werden. Mit anderen Worten: Wenn die mathematisch-modelltheoretische Forschung stets mit der empirischen Analyse der konkreten Entwicklungsbedingungen in den verschiedenen Etappen verbunden wird, dann sind wir der Notwendigkeit enthoben, dort irgendwelche statistischen Gesetzmäßigkeiten postulieren zu müssen (etwa die Annahme einer ständig sinkenden Tendenz der Fondsintensität der Produktion, wo sie nicht unbedingt oder zumindest nicht zu jeder Zeit und unter allen Bedingungen nachgewiesen werden kann), sondern es wird möglich, auf einer entsprechenden methodologischen Grundlage und unter Berücksichtigung der wichtigsten gegebenen Bedingungen die konkrete Entwicklung der Faktoren und Parameter annähernd genau langfristig vorauszubestimmen.

Wesentliche Grundlagen dieser sozialistischen Wachstumstheorie hat vor mehr als 40 Jahren der sowjetische Wachstumstheoretiker Grigori Alexandrowitsch Feldman ausgearbeitet. Wenn wir diese Pionierarbeit heute in deutscher Übersetzung publizieren, dann geschieht das nicht nur, weil wir auf diese Weise eine große wissenschaftliche Leistung würdigen wollen, sondern auch in der Überzeugung, daß die moderne marxistische Wachstumstheorie auf Feldman aufbauen wird.

Berlin, den 1. 11. 1968

Ottomar Kratsch

1.

Das Nationaleinkommen und sein Wachstum

Die Produktionen der verschiedenen Produktionszweige sind nur bei Zugrundelegung eines allgemeinen Maßes vergleichbar. Ein solches Maß kann sein:
1. Der Aufwand an menschlicher Arbeit (auch wertmäßig)
2. der effektive Energieaufwand in der Produktion.
Auf dieser Grundlage kann das Nationaleinkommen als Ganzes bestimmt werden, und zwar als Summe der für die Gesamtproduktion verausgabten Arbeit oder als Summe der in der Produktion „kristallisierten" Energie. Das Prinzip der Zusammenfassung nur vergleichbarer Größen wird somit befolgt.
Natürlich enthalten auch diese Berechnungen noch Bedingtheiten und Annäherungen.
Für die ökonomische Analyse der gesellschaftlichen Verhältnisse ist sowohl in den kapitalistischen Ländern als auch unter sozialistischen Bedingungen die *wertmäßige* Erfassung der Produktion notwendig und hinreichend. Jedoch ist darauf zu verweisen, daß wertmäßige Veränderungen der Produktion nur dann eine richtige Vorstellung von den realen stofflichen Veränderungen dieser Produktion vermitteln können, wenn konstante Preise angewandt werden. Andererseits verleiht die Anwendung konstanter Preise solchen Berechnungen einen hohen Grad an Bedingtheit.
Das wird besonders deutlich, wenn man den Einfluß des Gütertransports auf die Preisbildung untersucht.
Zweifellos ist der Transport wie jede andere Produktion zu behandeln. Die Überwindung der Entfernungen zwischen den Lagerstätten der Rohstoffe und der Rohstoffverarbeitung ist eine ebensolche Notwendigkeit der Produktion wie die Förderung des Erzes aus dem Erdinneren, die Verausgabung von Energie für die Metallverarbeitung oder der Wärme-

verlust beim Einsatz der Brennstoffe für die Dampferzeugung und anderem usw.

Alle diese Aufwendungen bestimmen den Wert des Endprodukts, welche Naturalform es auch immer annehmen mag. Würden diese Relationen zwischen den Wertelementen für jedes Erzeugnis konstant bleiben (und zwar unabhängig von Zeit und Ort der Produktion), dann wäre der Wert dem Produktionsumfang in Naturalform proportional. Diese Annahme entspricht aber nicht im entferntesten den realen Bedingungen der Produktion, die in den verschiedenen Ländern außerordentlich unterschiedlich sind und Veränderungen in der Zeit unterliegen. Erze und Brennstoffe lagern z. T. dicht an der Erdoberfläche, z. T. sind sie aber in einer Tiefe von mehreren hundert Metern verborgen. Wenn die oberen Schichten der Lagerstätten erschöpft sind, verlagert sich der Abbau in größere Tiefen. Der Brennstoffverbrauch je Einheit Bewegungsenergie hängt von der Größe der Energieerzeugungsanlagen ab und vermindert sich mit dem technischen Fortschritt. Die Brennstoffgewinnung liegt mitunter nahe der Erzförderung, in anderen Fällen aber sind beide durch große Entfernungen voneinander getrennt. Nicht nur die Wertgröße, sondern auch die Wertstruktur verändert sich in Abhängigkeit von Ort und Zeit.

Die willkürliche Wahl der Preise für ein gegebenes Jahr und Land ist somit für eine Reihe Länder offensichtlich bedingt und widerspiegelt nicht die realen Wertverhältnisse.

Andererseits stößt die Umrechnung der Produktenwerte mittels einheitlicher Preise für eine Reihe von Ländern und für einen bestimmten Zeitraum infolge des unzulänglichen statistischen Materials auf fast unüberwindliche Schwierigkeiten.

Die Bedingtheit aller dieser Berechnungen wird besonders deutlich, wenn man sie unter gebrauchswertmäßigem Aspekt betrachtet. In der Tat, wenn man die Produktion als einen Prozeß auffaßt, der letztlich auf die Befriedigung der Bedürfnisse der Bevölkerung gerichtet ist, dann muß man anerkennen, daß diese Bedürfnisbefriedigung nur von der Qualität und Menge der Konsumtionsmittel abhängt.

Deshalb gibt die Errechnung des Nationaleinkommens insgesamt – auch wenn sie zu konstanten Preisen erfolgt – noch keine Antwort darauf, in welchem Grade die Bedürfnisse der Bevölkerung befriedigt werden. Die errechneten Nationaleinkommen (als Summen der im Lande erzeugten Werte) werden unter diesem Aspekt um so weniger vergleichbar, je unterschiedlicher die Preisbildung infolge unterschiedlicher Produktionsstrukturen ist.

In welchem Grade die Ergebnisse derartiger Berechnungen verzerrt sein könne, kann man ermessen, wenn man jeweils zwei Rechnungen für jedes von zwei gegebenen Ländern durchführt.

Die *erste Berechnung:* Wert der Konsumtionsmittel für beide Länder in jeweils gleichen Preisen.

Zweite Berechnung: Wert der Gesamtproduktion – einschließlich der Produktionsmittel – für beide Länder in jeweils gleichen Preisen (abzüglich der Akkumulation).

Auf Grund unterschiedlicher Wirtschaftsstrukturen ergeben sich nichtproportionale Größen.

Die Wirtschaft des einen Landes erweist sich möglicherweise in bezug auf die natürlichen Bedingungen und den Entwicklungsstand der Technik in einer mehr oder weniger günstigeren Lage als die des anderen Landes. Man kann sagen, daß die Höhe des „Effektivitätskoeffizienten des Landes“ (die Produktionskapazität ins Verhältnis zur Konsumtion gesetzt) von der Struktur des Landes sowie vom Umfang, der Qualität und der Standortverteilung seiner Naturreichtümer abhängt. Wenn man nun zudem noch auf den Ausweis der Höhe der Akkumulationen und der globalen Daten über die Produktion verzichtet, dann sagt dieser Vergleich absolut nichts über die Struktur des Landes aus, und zwar weder unter dem Aspekt, wie die Bedürfnisse der Bevölkerung befriedigt werden können, noch unter dem Blickwinkel des möglichen Wachstums der Produktionskapazität. Schon aus diesen Überlegungen wird deutlich, daß eine spezielle Methodologie und Systematik für den Ländervergleich und für die Analyse der Zeitreihen ihrer Entwicklung erforderlich ist.

Die in den verschiedenen Jahren erzeugten Nationaleinkommen werden zumeist wie folgt vergleichbar gemacht. Die Produktion eines jeden Zweiges wird jeweils in Preisen eines bestimmten Basisjahres bewertet. Die Summe dieser Bewertungen ergibt das Nationaleinkommen der Berichtsjahre. Mittels dieser Bewertungen versucht man den sogenannten „physischen Umfang der Produktion" zu erhalten. Allerdings berücksichtigen diese Berechnungen nicht in vollem Maße die Erhöhung der Qualität der Erzeugnisse (was fast immer mit einem höheren Energieverbrauch verbunden ist), und die bedingten Wertrelationen zwischen den verschiedenen Warengruppen bleiben im Vergleichszeitraum bestehen, obwohl sich die Struktur und die Bestandteile der Produktion verändern und obwohl sich die Arbeitsproduktivität in den verschiedenen Produktionen unterschiedlich entwickelt.

Man erhält somit eine Bewertung, die auf der unveränderlichen Arbeitsproduktivität eines bestimmten gegebenen Jahres basiert.

In Abhängigkeit von der Wahl dieses Jahres verändert sich das Wachstum der auf diese Weise ermittelten Nationaleinkommensgrößen der einzelnen Jahre.

Zur Illustration mag das folgende angenommene, vereinfachte schematische Beispiel dienen:

Abteilungen der Produktion	Jahre		
	a	$a+n$	$a+2n$
Gruppe A			
Warenmenge (in t)	1000	10000	20000
Wert je Tonne	1	$3/4$	$1/2$
Gruppe B			
Warenmenge (in t)	5000	7500	10000
Wert je Tonne	1	1	1

Der wertmäßige Zuwachs beider Gruppen (A und B) beträgt in jeweils n Jahren (in Prozent):

in Preisen des Jahres	in der 1. Periode (a bis $a+n$)	in der 2. Periode ($a+n$ bis $a+2n$)
a	+ 192,0	+ 71,0
$a+n$	+ 161,0	+ 66,7
$a+2n$	+ 127,0	+ 60,0

Ein anderes Verfahren führt die Vergleichbarkeit der Nationaleinkommen zu laufenden Preisen über einen durchschnittlichen Preisindex für alle Waren herbei. Hier scheinen die

Strukturverschiebungen zwischen den einzelnen Produktionen berücksichtigt zu sein, dafür sind aber die Preisindizes sehr bedingt, denn sie können nur jeweils für eine bestimmte gleichbleibende Zusammenstellung von Waren ermittelt werden, die aber der Produktionsstruktur nur in einem gegebenen Jahr entspricht. In unserer Ökonomik, die während der forcierten Industrialisierung rasch wächst und deren Produktionsstruktur sich fortlaufend verändert, ist der Grad der Bedingtheit solcher Berechnungen besonders hoch.

Es scheint, daß uns die Ermittlung des Produktionsumfangs auf Basis des effektiven Energieaufwands in bestimmtem Grade vor den Schwierigkeiten und Fehlern, die mit der Anwendung konstanter Preise verbunden sind, bewahren würde. Dieses Verfahren würde uns aber nicht von jenen Schwierigkeiten retten, die mit dem Problem des „Effektivitätskoeffizienten" der Volkswirtschaften zusammenhängen. Hinzu kommt noch folgendes. Wenn auch die Hypothese bis zu einem gewissen Grade richtig ist, daß bei den gegebenen Produktionsverfahren auf der Grundlage der ziemlich konstanten Eigenschaften der Materialien mit ständig einheitlichem Energieverbrauch für die Stoffumwandlung der minimal notwendige Energieverbrauch für jeden Arbeitsgegenstand bestimmt werden kann, dann ist doch bei weitem noch nicht die Möglichkeit ausgeschlossen, daß technologische Verbesserungen eintreten, die die Produktionsbedingungen in einem solchen Maße umwälzen, daß nicht nur der Arbeitsaufwand (und folglich auch der Wert), sondern auch der Energieaufwand je Erzeugniseinheit gesenkt wird. Bei Anwendung eines energetischen Maßes würden wir somit auf dieselben Schwierigkeiten stoßen wie auch beim Wertmaß.

Allerdings würde der Energieaufwand die Qualität der Erzeugnisse berücksichtigen, da diese mit Formveränderungen zusammenhängt. In bezug auf den Arbeitsaufwand würde ein solches energetisches Maß bedeuten, daß die gesamte Produktion nach dem Arbeiter, dessen Tätigkeit aus reiner „physischer" Verausgabung besteht, bewertet wird; ebenso wie bei der Bewertung des Nationaleinkommens nach Preisen eines gegebenen Jahres würden wir die Dynamik des Nationaleinkommens vom Standpunkt der durchschnittlichen Arbeitsproduktivität in diesem Jahr aus betrachten.

Welches Maß wir für die Bewertung des Nationaleinkommens auch anwenden mögen, wir können offensichtlich weder den Bedingtheiten noch den Schwierigkeiten entgehen. Zudem ist die energetische Statistik weit hinter der auf Wertkennziffern aufbauenden zurück, und schon aus diesem Grunde ist den Wertkennziffern bei der Bestimmung des Produktionsumfangs entschieden der Vorzug zu geben, während die energetischen Kennziffern nur für Hilfsrechnungen angewandt werden sollten.

Andererseits kommen die Wertrelationen unseren Vorstellungen vom Gebrauchs„wert" näher als die energetischen Kennziffern.

Letztlich geht es nur darum, daß man sich klar wird, wie sich in den Wertkategorien jene konkreten volkswirtschaftlichen Elemente und Prozesse, die hinter diesen Abstraktionen verborgen sind, widerspiegeln.

In dieser Hinsicht ist es einfacher, die „Summe der Einkommen der Bevölkerung" zu bilden, und noch einfacher, die Konsumtion zu bewerten, obwohl die Ungleichartigkeit der zusammengefaßten Bestandteile dadurch nur gemindert, nicht aber aufgehoben wird (bei solchen Berechnungen ist es besser, für Zeitvergleiche mit Budgetindizes anstelle von Preisindizes für Warengruppen zu arbeiten).

Schließlich dient die Produktion letzten Endes der Konsumtion, und gerade das Wachstum der Konsumtion sollte uns in erster Linie interessieren, wenn wir vom „Nationaleinkommen" sprechen. Die produktive Akkumulation sollte für uns vor allem unter dem Aspekt Bedeutung haben, wie sie zur Erhöhung der Konsumtion und seines Wachstumstempos beiträgt. Mit diesem Standpunkt kann nur die Notwendigkeit zur Erhöhung der Verteidigungsfähigkeit des Landes alternieren, wobei zu berücksichtigen ist, daß unter den Bedingungen der kapitalistischen Umkreisung die schnellstmögliche Entwicklung der Konsumtion weitgehend mit den Anstrengungen zur Erhöhung der Verteidigungsbereitschaft des Landes übereinstimmen muß; beide Aufgaben werden letztlich durch die Industrialisierung der Volkswirtschaft gelöst.

Ausgehend von dem Gesagten besteht das *Ziel der vorliegenden Arbeit vor allem darin, das mögliche Niveau und Wachstum der Konsumtion der Bevölkerung in Abhängigkeit von der Struktur der Volkswirtschaft zu bestimmen.*

Es ist von vornherein klar, daß keine direkten und unmittelbaren Funktionalbeziehungen zwischen den Wachstumsraten und Ausmaßen der Konsumtion und willkürlich ausgewählten Strukturkennziffern bestehen. Es wäre vergeblich, wollten wir direkte Abhängigkeiten zwischen den uns interessierenden Wachstumsraten einerseits und den Relationen zwischen städtischer und ländlicher Industrie oder zwischen extraktiver und verarbeitender Industrie oder – um ein völlig absurdes Beispiel anzuführen – zwischen der Fluß- und der Seeschiffahrt andererseits feststellen.

Es drängte sich der Gedanke auf, dem Beispiel von Marx folgend, die Daten über den Einsatz der Investitionen für die Produktion von Produktionsmitteln und für die Produktion von Konsumtionsmitteln als Hauptkennziffern des Niveaus und der Struktur der Wirtschaft zu wählen. Bei detaillierterer Untersuchung erweist es sich aber, daß dieses Unterteilungsprinzip für die mathematische Lösung dieser konkreten Teilaufgabe nicht ausreicht.

Da die Wachstumsraten der Produktion vom Wachstum der Fondsausstattung der Arbeitskraft abhängen, die Produktionsinstrumente aber in der Abteilung *A* der Industrie hergestellt werden, kann man offenkundig sagen, daß ein steigendes Wachstum von der relativen Erhöhung des Umfangs der Produktionsfonds in Abteilung *A gegenüber den Produktionsfonds in Abteilung B* abhängt.

Bei erweiterter Reproduktion muß Abteilung *A* die Abteilung *B* nicht nur mit Produktionsmitteln in Höhe des laufenden Ersatzbedarfs versorgen, sondern sie muß darüber hinaus auch noch *zusätzliche* Grund- und Umlaufmittel bereitstellen, um die Voraussetzungen für die erweiterte Reproduktion bei konstanter Fondseffektivität[1] zu gewährleisten.

Daraus folgt die Überlegung, daß man die Fonds der Abteilung *A* in zwei Gruppen unterteilen müßte, und zwar in die Gruppe A_2, die die Abteilung *B* mit Produktionsmitteln in Höhe des laufenden Ersatzbedarfs versorgt, und in die Gruppe A_1, deren spezifische Aufgabe es ist, für die gesamte Produktion in beiden Abteilungen die *zusätzlichen* Produktionsfonds bereitzustellen, die für die erweiterte Reproduktion erforderlich sind. Gruppe A_2 müßte dann immer (bei konstanter Fondseffektivität) der Abteilung *B* proportional

sein, während die Größenordnung der Gruppe A_1 allein durch die vorgesehenen Wachstumsraten der Produktion insgesamt und ihrer Teilbereiche bestimmt wird.
Die Produktionsfonds setzen sich allerdings aus einem konstanten und einem variablen Teil zusammen. Um also das eben angeführte Unterteilungsprinzip konsequent einhalten zu können, muß aus Abteilung B die Gruppe B_1, die den Zuwachs des variablen Kapitals gewährleistet, ausgesondert und der Abteilung A zugeordnet werden, so daß in Abteilung B nur die Gruppe B_2 verbleibt, jener Teil also, der ausreicht, um die Konsumtion auf dem gegebenen Niveau zu halten und ständig zu gewährleisten.
Die spezifische Beziehung, von der das Wachstum der Konsumtion der Bevölkerung abhängt, kommt somit zum Ausdruck in dem Verhältnis

$$\frac{A_1 \text{ und } B_1}{A_2 \text{ und } B_2}.$$

Mit anderen Worten: Im Zähler ist alles untergebracht, was Voraussetzung der erweiterten Reproduktion ist, während der Nenner die entsprechenden Elemente für die Versorgung des *laufenden unmittelbaren Verbrauchs* enthält.[2]
Entsprechend der von uns vorgeschlagenen Unterteilung gibt es keinen Grund dafür, die in einer Weberei angelegten Produktionsfonds der Abteilung B und die Baumwollplantagen, welche die Baumwolle für die Gewebeherstellung liefern, sowie die Spinnereien, der Abteilung A zuzuordnen, zumal in einem anderen Falle Spinnerei und Weberei in einem Betrieb vereinigt sind und der Fertigungsprozeß in der Weberei selbst wieder eine Reihe aufeinanderfolgender Produktionsstufen, die Halbfabrikate (d. h. Produktionsmittel) für die folgenden Stufen der Produktion liefern, aufweist.
Um die Abhängigkeit dei Wachstumstempi des Nationaleinkommens von den Strukturbeziehungen bestimmen zu können, bedarf es somit einer spezifischen strukturellen Untergliederung mit quantitativ bestimmten Relationen zwischen den Strukturelementen. Die exakte und der Zielstellung angepaßte ökonomische Unterteilung der Produktion bildet das Hauptproblem bei der Lösung der gestellten Aufgabe.
Wir benötigen ein ***absolutes und genaues Kriterium*** für die exakte Abgrenzung der Fonds, die die Produktion der Kon-

sumtionsmittel in Höhe des für die Befriedigung des laufenden Bedarfs erforderlichen Umfanges gewährleisten.
Da den Produktionsfonds insgesamt die Fähigkeit zur erweiterten Reproduktion innewohnt, gibt es keinerlei Gründe dafür, irgendeinen Teil der Produktion, der nur an der Wertbildung der Endprodukte (insbesondere der Konsumtionsmittel) für die Deckung des gegebenen laufenden Bedarfs beteiligt ist, von der Abteilung *B* loszulösen. Wir kommen somit zu dem Schluß, *daß gemäß unserer Fragestellung zur Abteilung B alle jene Produktionszweige gehören, die auf diese oder jene Weise an der Wertbildung der Konsumtionsmittel im Rahmen der laufenden Bedarfsbefriedigung beteiligt sind.*
Der Abteilung, die nach dem Marxschen Schema den Gesamtwert der Konsumtionsmittel darstellt, werden auch alle jene Fonds zugeordnet, die an dessen Schaffung teilhaben.
Natürlich gehören hierzu nicht die Wertbestandteile, welche den *Zuwachs* an Grund- und Umlauffonds der Abteilung *B* oder ihren „moralischen" Verschleiß zum Ausdruck bringen. Diese Mittel müssen von Abteilung *A* kommen. In den Wert der Gesamtproduktion von Abteilung *B* geht nur der Wert der für den gegebenen Produktionsausstoß an Konsumtionsmitteln verbrauchten Grundstoffe und Arbeitsmittel (in Höhe des Verschleißes) ein, während die für die erweiterte Reproduktion angesammelten Produktions- und Konsumtionsmittel nur danach über den Verschleiß und Verbrauch in den Wert der auf erweiterter Stufenleiter produzierten Konsumtionsmittel eingehen. Dabei ist der Verschleiß der Produktionsinstrumente der Abteilung *B* – entsprechend unserer Definition der Abteilung *B* – innerhalb dieser Abteilung zu reproduzieren.
Die auf diese Weise bestimmte Abteilung B hat die bemerkenswerte Eigenschaft, daß sie unter der Voraussetzung einfacher Reproduktion auch ohne Abteilung A existieren kann.
Die Analyse der Bedingungen für eine präzisere Unterteilung der gesellschaftlichen Produktion – ausgehend von der Bestimmung des Wertes der Gesamtproduktion von Konsumtionsmitteln im Rahmen des laufenden Bedarfs – bestätigt somit die eingangs ausgesprochene Überlegung, *daß die Gesamtproduktion zu unterteilen ist in die Abteilung B*, die befähigt ist, die Konsumtion auf dem jeweils gegebenen Niveau aufrechtzuerhalten, auch wenn der Zustrom von Produk-

tionsmitteln und Konsumtionsmitteln aus der Abteilung A für die Auffüllung der Fonds in Abteilung B unterbrochen wird, *und in die Abteilung A*, die sowohl die Abteilung B als auch Abteilung A mit allen erforderlichen Fonds für die erweiterte Reproduktion versorgt.

Von der Marxschen Untergliederung der Produktion ausgehend, gelangten wir somit zu einer neuen Unterteilung, die aber ebenfalls einer Marxschen Unterscheidung entspricht, nämlich der zwischen einfacher und erweiterter Reproduktion, zwischen der „Produktion von Einkommen" und der „Produktion von Kapital". Um Verwechslungen vorzubeugen, bezeichnen wir im weiteren Verlauf unserer Darlegung mit dem Symbol U (unveränderte Stufenleiter – d. Ü.) den Teil der gesellschaftlichen Produktion, den wir von der Marxschen Abteilung B ableiteten, und mit dem Symbol E (erweiterte Stufenleiter – d. Ü.) die entsprechende Ableitung von Abteilung A.

Alle Teile der Produktion in Abteilung U sind Stufen eines einheitlichen Produktionsprozesses, dessen Endprodukt die Konsumtionsmittel zur Befriedigung des laufenden Verbrauchs auf unveränderter Stufenleiter darstellen.

Der im Laufe des Jahres *neu* geschaffene Wert wird aus dem Arbeitsaufwand gebildet[3]:

$$v + m.$$

Das Endprodukt der Abteilung U ist dementsprechend

$$v_U + m_U,$$

während der neugeschaffene Wert in Abteilung E in der Formel

$$v_E + m_E$$

zum Ausdruck gebracht wird.

Diese Formeln schließen die Möglichkeit einer Doppelzählung aus.

Das einzige Kriterium für die von uns vorgeschlagene Unterteilung ist die Zweckbestimmung der Produktion, nämlich, ob sie für die *Erweiterung oder den Ersatz* (wegen moralischen Verschleißes) der Produktionsfonds bestimmt ist oder ob sie nur der *Aufrechterhaltung der Konsumtion* auf dem jeweils gegebenen Niveau dient.

Zur besseren Anschaulichkeit stellen wir in Abb. 1 den Prozeß der erweiterten Reproduktion in abstrakter Form dar; diesem Schema liegt die von uns bestimmte Unterteilung nach den beiden Abteilungen zugrunde, und es wird eine geschlossene Wirtschaft unterstellt[4] (vgl. Abb. 1).

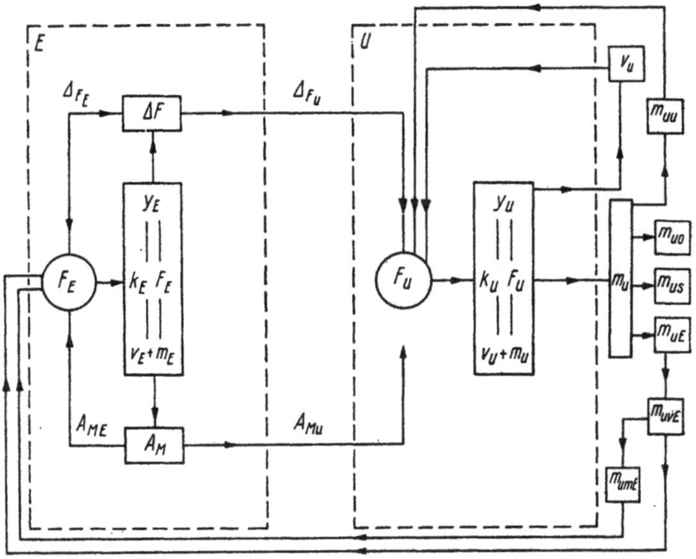

Abb. 1

E: Auf der linken Seite des Schemas (Feld *E*) ist die Produktion untergebracht, die der Erweiterung und dem Ersatz der wegen moralischen Verschleißes ausscheidenden Produktionsfonds dient. Die Summe aller Werte (ohne Doppelzählung), die *neu* in Abteilung *E* geschaffen werden, bilden den Gesamtwert der Endprodukte in Abteilung *E*, und zwar der Produktionsmittel und Konsumtionsmittel, die für die Erweiterung oder den Ersatz (wegen moralischen Verschleißes) in beiden Abteilungen (*E* und *U*) bestimmt sind.
U: Auf der rechten Seite des Schemas (Feld *U*) ist die Produktion dargestellt, die der Erzeugung von Konsumtionsmitteln sowie der Produktionsmittel dient, die für die Aufrechterhaltung des Produktionsumfangs der Konsumgüter auf dem jeweils gegebenen Niveau erforderlich sind. Die Summe aller Werte (ohne Doppelzählung), die neu in Abteilung *U* geschaffen werden, bilden den Gesamtwert der

Endprodukte dieser Abteilung in Form von Konsumtionsmitteln für die Befriedigung des laufenden Verbrauchs.

F_E und F_U bezeichnen die Grund- und Umlauffonds in den Abteilungen E und U.

Y_E und Y_U verkörpern den Wert der *neu* produzierten Produktionsmittel und Konsumtionsmittel in den Abteilungen E und U.

Dementsprechend ist $F = F_E + F_U$ der Gesamtwert der Produktionsfonds, während $Y = Y_E + Y_U$ den gesamten neugeschaffenen Wert unter den Bedingungen erweiterter Reproduktion verkörpert.

Als Effektivität des Fondseinsatzes bezeichnen wir das Verhältnis

$$\frac{Y}{F} = k, \quad \frac{Y_E}{F_E} = k_E, \quad \frac{Y_U}{F_U} = k_U.$$

A_M ist gleich dem Wert der Produktionsinstrumente und -mittel, die für den Ersatz des moralisch veralteten Teils der Produktionsfonds F_E und F_U bestimmt sind.

A_M besteht aus zwei Teilen: A_{MU} verkörpert den moralischen Verschleiß von F_U, während A_{ME} den moralischen Verschleiß von F_E ersetzt.

$$A_M = A_{ME} + A_{MU}.$$

Mit dem Symbol Δ bezeichnen wir die Jahreszuwachse. ΔF_E ist dann der Jahreszuwachs von F_E , ΔF_U der Zuwachs von F_U und

$$Y_E = \Delta F + A_M = \Delta F_E + \Delta F_U + A_{ME} + A_{MU}.$$

Die Gesamtmasse der in Abteilung U produzierten Konsumtionsmittel wird (wertmäßig) untergliedert in den Teil v_U, der von der Arbeiterklasse in Abteilung U verbraucht wird, und in den Teil m_U, der den Mehrwert (Mehrprodukt) darstellt.

m_U wird seinerseits unter einer ganzen Reihe von Konsumenten der folgenden Hauptkategorien verteilt:

1. m_{US} – Konsumtionsmittel, die der Staatsapparat verbraucht
2. m_{UO} – Konsumtionsmittel, die für den Verbrauch der Groß-, Mittel- und Kleinbourgeoisie bestimmt sind, die außerhalb jeglicher Produktion stehen

3. m_{UU} – Konsumtionsmittel, die für den Verbrauch der Bourgeoisie in Abteilung U bestimmt sind
4. m_{UmE} – Konsumtionsmittel, die für den Verbrauch der Bourgeoisie in Abteilung E bestimmt sind
5. $m_{U\nu E}$ – Konsumtionsmittel, die dem Verbrauch der Arbeiter in Abteilung E dienen (ν_E)

Es gilt somit:

$$m_U = m_{US} + m_{UO} + m_{UU} + m_{UmE} + m_{U\nu E}.$$

Es ist jedoch möglich, daß zwischen den Abteilungen E und U ein nichtäquivalenter Warenaustausch stattfindet. Die Formel

$$\Delta F_U + A_{MU} = m_{UmE} + m_{U\nu E} = m_{UE}$$

hat also nicht unbedingt Gültigkeit.

Die Wechselbeziehungen zwischen den Elementen der Produktion und Konsumtion wollen wir nunmehr unter drei Voraussetzungen untersuchen:

1. Die Konsumtion (gesamt) der Bevölkerung bleibt konstant
2. die Konsumtion der Bevölkerung steigt nach einer konstanten Wachstumsrate
3. die Konsumtion der Bevölkerung vergrößert sich mit einer steigenden Wachstumsrate

Als Wachstumstempo bezeichnen wir das Verhältnis zwischen dem Wachstum in einer Zeiteinheit und der wachsenden Größe. Mathematisch ausgedrückt wird das Verhältnis durch die erste Ableitung der Funktion oder – noch anders – die Ableitung des Logarithmus der Funktion gebildet.

Die Wachstumsraten der Produktion (Y) in den Abteilungen E und U bezeichnen wir mit den Symbolen

r_E und r_U,

die der Produktion insgesamt mit r.

Die Wachstumsraten der Elemente F, F_U, F_E, k, k_U und k_E bezeichnen wir mit den Symbolen w_F, w_{FU}, w_{FE}, w_k, w_{kU} und w_{kE}.[5]

$$r = \frac{\Delta Y}{Y} = \frac{dY}{dt} \cdot \frac{1}{Y} = \frac{d \ln Y}{dt},$$

$$r_U = \frac{\Delta Y_U}{Y_U} = \frac{dY_U}{dt} \cdot \frac{1}{Y_U} = \frac{d \ln Y_U}{dt},$$

$$r_E = \frac{\Delta Y_E}{Y_E} = \frac{dY_E}{dt} \cdot \frac{1}{Y_E} = \frac{d \ln Y_E}{dt},$$

$$w_F = \frac{\Delta F}{F} = \frac{dF}{dt} \cdot \frac{1}{F} = \frac{d \ln F}{dt},$$

$$w_{FU} = \frac{\Delta F_U}{F_U} = \frac{dF_U}{dt} \cdot \frac{1}{F_U} = \frac{d \ln F_U}{dt},$$

$$w_{FE} = \frac{\Delta F_E}{F_E} = \frac{dF_E}{dt} \cdot \frac{1}{F_E} = \frac{d \ln F_E}{dt},$$

$$w_k = \frac{\Delta k}{k} = \frac{dk}{dt} \cdot \frac{1}{k} = \frac{d \ln k}{dt},$$

$$w_{kU} = \frac{\Delta k_U}{k_U} = \frac{dk_U}{dt} \cdot \frac{1}{k_U} = \frac{d \ln k_U}{dt},$$

$$w_{kE} = \frac{\Delta k_E}{k_E} = \frac{dk_E}{dt} \cdot \frac{1}{k_E} = \frac{d \ln k_E}{dt}.$$

Schließlich bezeichnen wir mit dem Symbol s_F das Verhältnis

$$\frac{F_E}{F_U}.$$

Dieses Verhältnis kennzeichnet die den gesamten Produktionsfonds eigene Befähigung zur erweiterten Stufenleiter der Reproduktion und stellt die Hauptkennziffer für die Struktur der Produktionsfonds des Landes bei gegebenen k_U und k_E dar. Als Hauptkennziffer der *Produktions*struktur betrachten wir das Verhältnis

$$s_Y = \frac{Y_E}{Y_U}.$$

Aus den von uns gegebenen Definitionen für die „Effektivität" der Produktionsfonds und der „Wachstumstempi" werden die folgenden Formeln abgeleitet:

$$\begin{aligned} r &= \frac{dY}{dt} \cdot \frac{1}{Y} = \frac{d(k \cdot F)}{dt} \cdot \frac{1}{Y} \\ &= \left(F \cdot \frac{dk}{dt} + k \frac{dF}{dt}\right) \cdot \frac{1}{Y} \\ &= \frac{dk}{dt} \cdot \frac{1}{k} + \frac{dF}{dt} \cdot \frac{1}{F} \\ &= w_k + w_F \\ &= w_k + \frac{\Delta F}{F} \\ &= w_k + \frac{k \cdot \Delta F}{Y}. \end{aligned}$$

Analog gilt:

$$r_U = w_{kU} + w_{FU} = w_{kU} + \frac{k_U \cdot \Delta F_U}{Y_U}$$

und

$$r_E = w_{kE} + w_{FU} = w_{kE} + \frac{k_E \cdot \Delta F_E}{Y_E}.$$

Daraus folgt, *daß die Wachstumsraten des Nationaleinkommens und seiner Teile gleich sind der Summe der Wachstumsraten der entsprechenden Produktionsfonds und ihrer Nutzeffekte.* Diese Formeln zeigen die Abhängigkeit der Größe r von den Akkumulationen, die für die Erhöhung der entsprechenden Fonds und ihrer Effektivität erforderlich sind, aber die Wechselbeziehungen zwischen den Wachstumstempi der beiden Abteilungen werden hier nicht erfaßt. Darauf wird in den folgenden Abschnitten eingegangen werden.
Andererseits besteht die Beziehung

$$Y = B \cdot a,$$

wobei das Symbol B die Anzahl der Beschäftigten in der Produktion und a die Produktion je Beschäftigten bezeichnet. In Analogie zu obigen Formeln lassen sich leicht die folgenden Beziehungen ableiten:

$$r = w_B + w_a,$$

$$r_U = w_{BU} + w_{aU},$$

$$r_E = w_{BE} + w_{aE}.$$

Somit werden die Wachstumsraten der Produktion durch die Wachstumsraten der Fonds, ihrer Effektivität, der Zahl der Beschäftigten in der Produktion und ihrer Produktivität bestimmt.
Im weiteren Verlauf der Arbeit werden wir auf diese Beziehungen näher eingehen. Hier möchten wir nur darauf verweisen, daß bei Vorhandensein überschüssiger Arbeitskräfte die Wachstumsraten der Produktion entscheidend durch das Wachstum der Produktionsfonds und deren Effektivität bestimmt werden. Bei begrenzter Zahl der Arbeitskräfte sind die Raten durch die Steigerung der Arbeitsproduktivität bedingt, da in diesem Falle die Erhöhung der Effektivität der Produktionsfonds untrennbar mit der steigenden Arbeitsproduktivität verbunden ist.

Die Effektivität der Produktionsfonds kann in der folgenden Weise dargestellt werden:

$$k = \frac{Y}{F} = \frac{\text{techn. Koeffizient} \cdot \text{subjekt. Faktor} \cdot \text{Anzahl der Arbeitsstunden}}{F}$$

und

$$a = \frac{Y}{B} = \frac{\text{techn. Koeffizient} \cdot \text{subjekt. Faktor} \cdot \text{Anzahl der Arbeitsstunden}}{B}.$$

Die Zähler sind in beiden Formeln gleich. Daraus ergibt sich die Wechselbeziehung zwischen den Größen a und k.

2.

Die Gesamtkonsumtion der Bevölkerung bleibt konstant ($Y_U = \text{const.}$)

Wir beginnen mit der Analyse der Amortisationen für den moralischen Verschleiß unter der Voraussetzung einer konstanten Konsumtion der Bevölkerung, um den Einfluß der Amortisationen für den moralischen Verschleiß auf den Produktionsprozeß unabhängig von den Einwirkungen, die bei allgemein erweiterter Reproduktion gegeben sind, aufzudecken.

Wir können bei der Annahme konstanter Konsumtion voraussetzen, daß (bei konstanter Abschreibungsrate für den physischen Verschleiß)

$$\Delta F = 0$$

und

$$Y_E = A_M$$

ist, denn die Abteilung E produziert – gemäß unserer Definition – nicht für den Ersatz der physisch veralteten Maschinen und Anlagen, sondern dient ausschließlich der Erweiterung der Produktionskapazität, wofür aber bei Annahme einer konstanten Konsumtion und unveränderlicher Abschreibungsrate für den physischen Verschleiß der Grundmittel kein Bedarf besteht. Es ist dann

$$\frac{Y_E}{F_E} = \frac{\Delta F + A_M}{F_E} = \frac{A_M}{F_E} = k_E$$

oder

$$\begin{aligned} Y_E &= A_M = k_E \cdot F_E \\ &= A_{ME} + A_{MU} = b\,(F_U + F_E) \end{aligned}$$

und

$$s_F = \frac{F_E}{F_U} = \frac{b}{k_E - b},$$

wobei b die Rate des jährlichen moralischen Verschleißes der Fonds darstellt.
Die Funktion[6] $f(s_F, b)$ beschreibt eine Hyperbel mit

$$s_F = \infty \quad \text{bei} \quad b = k_E.$$

Die maximale Rate der Amortisationen für moralischen Verschleiß kann somit nicht höher als die Größe k_E sein.
Der Gesamtwert der Konsumtion wird bestimmt durch die Formel

$$Y_U = k_U \cdot F_U.$$

Wenn die Effektivität der Produktionsfonds in Abteilung U (k_U) unverändert bleibt, dann bestimmt die Konstanz von Y_U auch die Konstanz der Größe F_U.
Unter dieser Voraussetzung ist die *Rate des Fondsersatzes*, d. h. die Größe b, *durch den Strukturkoeffizienten* s_F *bedingt*, der das Hauptcharakteristikum für die Struktur der Produktions*fonds* bei gegebenen k_E und k_U darstellt.
Zur besseren Anschaulichkeit stellen wir in Abb. 2 die Abhängigkeit des Koeffizienten s_F von der Größe b bei unterschiedlicher Bedeutung von k_E dar (vgl. Abb. 2).

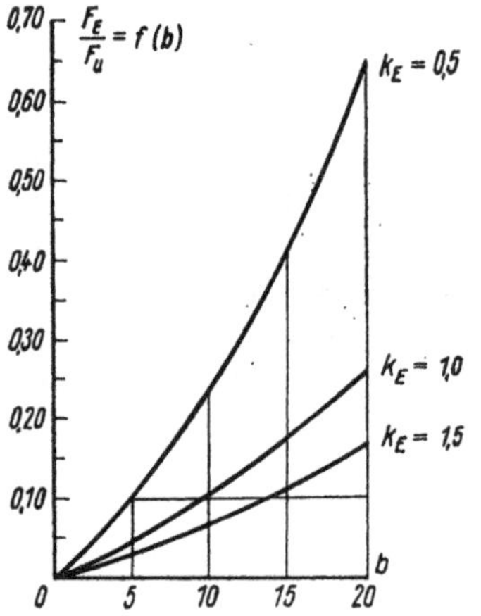

$$\frac{F_E}{F_U} = \frac{b}{k_E - b}$$

b	$k_E = 0,5$ $F_E : F_u$	$k_E = 1,0$ $F_E : F_u$	$k_E = 1,5$ $F_E : F_u$
0,05	0,111	0,0536	0,033
0,10	0,250	0,111	0,072
0,15	0,428	0,177	0,111
0,20	0,667	0,250	0,154

Konsumtion der Bevölkerung konstant

Abb. 2

Aus dieser Graphik wird deutlich, daß *die Produktionsfonds der Abteilung E auch bei konstantem Bevölkerungsverbrauch wachsen müssen, wenn sich die Häufigkeit des Austausches von Elementen des Produktionsapparates erhöht und beschleunigt,* wobei dieses Wachstum um so größer sein muß, je niedriger die Effektivität der Fonds (k_E) ist.

Die Beschleunigung des Ersatzes von Maschinen und Anlagen ruft somit auch bei konstantem Konsumtionsniveau der Bevölkerung die Notwendigkeit entweder zu einer bedeutenden und raschen Erhöhung des Ausnutzungsgrades oder zur Erweiterung der Produktionsfonds in Abteilung E hervor.

Diese These läßt sich auch in der folgenden Weise begründen: Die *Produktions*struktur verändert sich in Abhängigkeit von der Größenordnung der Amortisationen für moralischen Verschleiß nach der Formel:

$$s_Y = \frac{Y_E}{Y_U} = \frac{k_E \cdot F_E}{k_U \cdot F_U} = \frac{k_E \cdot b}{k_U (k_E - b)} \,.$$

Andererseits ist die Menge der neu verausgabten Arbeit (bei konstanter Arbeitsproduktivität) gleich

$$Y = Y_E + Y_U.$$

Bei unveränderten k_E, k_U und Y_U muß sich mit wachsendem b auch Y_E erhöhen, und damit folglich auch Y.

Die Menge der verausgabten Arbeit wird auch bei konstantem Konsumtionsniveau wachsen, wenn Maschinen und Anlagen ausgetauscht werden, und erst danach kann eine Steigerung der Arbeitsproduktivität erzielt werden (hier bleiben allerdings die organisatorischen Maßnahmen, die durch diese Formel nicht unmittelbar erfaßt werden, unberücksichtigt).

Nach Daten über die Entwicklung der amerikanischen Industrie ist die Effektivität des Kapitals (k) in den entwickelten kapitalistischen Ländern im letzten Jahrzehnt offensichtlich nicht gestiegen.

Da uns eine analoge Entwicklungsetappe bevorsteht, könnte sich diese Tendenz künftig auch bei uns durchsetzen, wenn wir blindlings der Entwicklung der kapitalistischen Länder folgen würden.

Die besondere Aufmerksamkeit ist auf die Erhöhung der Effektivität sowohl der fungierenden Fonds als auch der Neuinvestitionen zu lenken, eine Änderung unseres Verhaltens gegenüber dem Nutzeffekt der Investitionen kann einen wesentlichen Umschwung in der Entwicklung des Koeffizienten k hervorrufen, da wir *in bezug auf die rationelle Nutzung unseres Produktionsapparates außerordentlich stark hinter den führenden Industrieländern zurückgeblieben sind.*

Tabelle 1

Bevölkerungsverbrauch konstant (Y_U = const.)

b	$k_E = 0,5$			$k_E = 1$			$k_E = 1,5$		
	$\frac{F_E}{F_U}$	$\frac{k_E \cdot F_E}{k_U \cdot F_U}$	$\frac{k \cdot F}{Y_U}$	$\frac{F_E}{F_U}$	$\frac{k_E \cdot F_E}{k_U \cdot F_U}$	$\frac{k \cdot F}{Y_U}$	$\frac{F_E}{F_U}$	$\frac{k_E \cdot F_E}{k_U \cdot F_U}$	$\frac{k \cdot F}{Y_U}$
					$k_U = 0,5$				
0,05	0,11	0,11	1,11	0,054	0,11	1,11	0,03	0,10	1,11
0,10	0,25	0,25	1,25	0,11	0,22	1,22	0,07	0,22	1,22
0,15	0,43	0,43	1,43	0,18	0,35	1,35	0,11	0,33	1,33
0,20	0,67	0,67	1,67	0,25	0,50	1,50	0,15	0,46	1,46
b					$k_U = 1$				
0,05	0,11	0,06	1,06	0,05	0,05	1,05	0,03	0,05	1,05
0,10	0,25	0,13	1,13	0,11	0,11	1,11	0,07	0,11	1,11
0,15	0,43	0,21	1,21	0,18	0,18	1,21	0,11	0,17	1,17
0,20	0,67	0,33	1,33	0,25	0,25	1,25	0,15	0,23	1,23
b					$k_U = 1,5$				
0,05	0,11	0,04	1,04	0,054	0,03	1,03	0,03	0,03	1,03
0,10	0,25	0,08	1,08	0,11	0,07	1,07	0,07	0,07	1,07
0,15	0,43	0,14	1,14	0,18	0,12	1,12	0,11	0,11	1,11
0,20	0,67	0,22	1,22	0,25	0,17	1,17	0,15	0,15	1,15

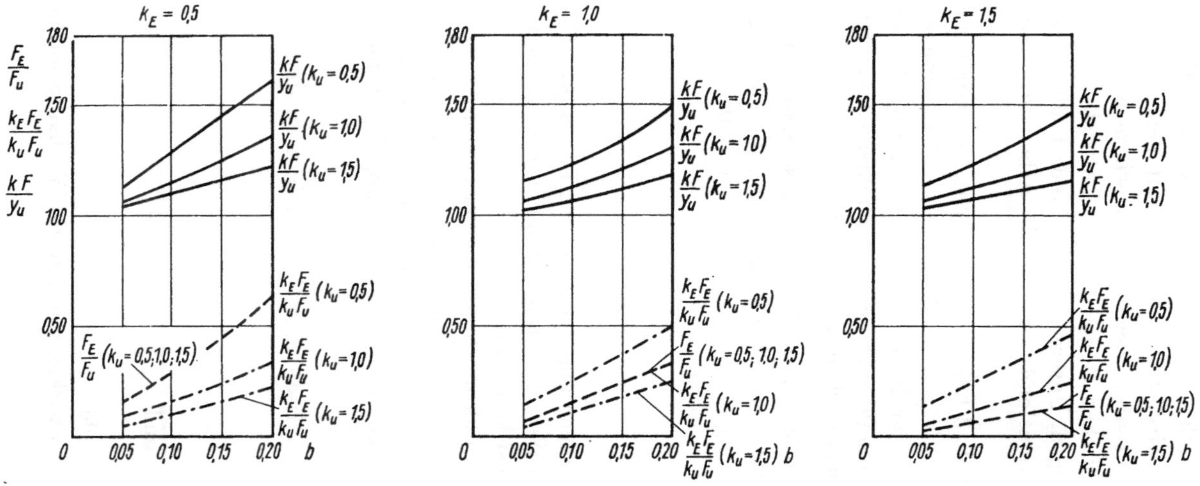

$k_E = 0,5$
$k_E = 1,0$
$k_E = 1,5$
$\frac{F_E}{F_u}$
$\frac{k_E F_E}{k_u F_u}$
$\frac{k F}{y_u}$
1,80
1,50
100
1,00
0,50
0
0,05
0,10
0,15
0,20
b
$\frac{kF}{y_u}$ (k_u = 0,5)
$\frac{kF}{y_u}$ (k_u = 1,0)
$\frac{kF}{y_u}$ (k_u = 1,5)
$\frac{k_E F_E}{k_u F_u}$ (k_u = 0,5)
$\frac{k_E F_E}{k_u F_u}$ (k_u = 1,0)
$\frac{k_E F_E}{k_u F_u}$ (k_u = 1,5)
$\frac{F_E}{F_u}$ (k_u = 0,5; 1,0; 1,5)

Abb. 3

Da aber die Entwicklung der Produktion in den kapitalistischen Ländern durch das Gesetz der maximalen Profiterzielung bestimmt wird, das sich nicht mit dem „Gesetz der maximalen Effektivität" deckt, dürfen wir nicht blindlings dem kapitalistischen Modell bei der Entwicklung unserer Produktion folgen. Unsere Kriterien sind: 1. die Effektivität der Produktionsfonds und 2. die Arbeitsproduktivität.

In Tabelle 1 und Abb. 3 haben wir versucht, den Grad der Abhängigkeit der nachfolgenden ökonomischen Beziehungen von der Veränderung der Rate der Amortisationen für den moralischen Verschleiß (b) und des Nutzeffektskoeffizienten der Investitionen darzustellen, und zwar:

1. der insgesamt in der Produktion eingesetzten Arbeit ($k \cdot F$) im Verhältnis zu der Arbeitsmenge, die allein für die Aufrechterhaltung des gegebenen Konsumtionsniveaus ($Y_U =$ const) erforderlich ist:

   $$\frac{k \cdot F}{Y_U};$$

2. des Wertes der Erneuerung der gesamten Fonds ($k_E \cdot F_E$) im Vergleich zum Wert der Produktion von Konsumtionsmittel ($k_U \cdot F_U$) bei konstantem Y_U;
3. des Wertes der Produktionsfonds, die der Erneuerung der Fonds dienen (F_E) im Vergleich zum Wert der Produktionsfonds, die für die Herstellung der Konsumtionsmittel bei konstantem Einkommen der Bevölkerung ($Y_U =$ const.) bestimmt sind (F_U).

Die allgemeinen Ergebnisse dieser Untersuchungen sind folgende:

1. Die Funktionen

   $$\frac{k \cdot F}{Y_U}, \quad \frac{k_E \cdot F_E}{k_U \cdot F_U} \quad \text{und} \quad \frac{F_E}{F_U}$$

   wachsen bei steigendem b;
2. steigende k_E und k_U wirken sich auf die Wachstumsraten der Funktionen

   $$\frac{k \cdot F}{Y_U}, \quad \frac{k_E \cdot F_E}{k_U \cdot F_U} \quad \text{und} \quad \frac{F_E}{F_U}$$

wie folgt aus:

$$\frac{\text{Steigendes } k_E}{\text{steigendes } k_U} \text{ ergibt für } \frac{k \cdot F}{Y_U} \frac{\text{geringfügige Senkung}}{\text{starke Senkung}},$$

$$\text{für } \frac{k_E \cdot F_E}{k_U \cdot F_U} \frac{\text{geringfügige Senkung}}{\text{starke Senkung}};$$

$$\text{für } \frac{F_E}{F_U} \frac{\text{starke Senkung}}{\text{keine Veränderung}}.$$

Maximale Ergebnisse werden erzielt, wenn gleichzeitig beide Koeffizienten (k_E und k_U) steigen.

Deshalb ruft auch bei konstantem Bevölkerungsverbrauch der einmalige Austausch von Maschinen und Anlagen in der Industrie eine starke Anspannung des Produktionsapparates und der Arbeitskräfte hervor. Nach dieser Periode folgt eine verminderte Auslastung des Produktionsfonds und der Arbeitskräfte. Unter kapitalistischen Bedingungen bedeutet das die Unvermeidlichkeit *starker* Konjunkturschwankungen.

Auch bei uns kann keine Kontinuität im Austausch der Ausrüstung für jeden einzelnen Betrieb gewährleistet werden, aber durch *planmäßige* Regulierung kann eine Reihenfolge der Erneuerung für die Industriezweige und Betriebe festgesetzt werden, die ein konstantes b und den beständigen Einsatz der Arbeitskräfte gewährleistet.

Das eben analysierte Problem kann auch noch unter einem anderen Aspekt betrachtet werden.

Die Erhöhung der Amortisationen für den moralischen Verschleiß der Fonds erfordert einen zusätzlichen Arbeitsaufwand, der nur durch entsprechende Arbeitseinsparungen nach der Erneuerung gerechtfertigt werden kann.

Aber diese, mit einem zusätzlichen Arbeitsaufwand verbundene Realisierung des moralischen Verschleißes ist unter Voraussetzung einer konstanten Konsumtion der Bevölkerung nicht durchführbar ohne eine zeitweilige Senkung des Arbeitslohns, was ebenso schwer zu verwirklichen ist wie eine zeitweilige Erhöhung der Arbeitszeit der beschäftigten Arbeiter, die dann nach Beendigung der Erneuerung wieder reduziert werden müßte.

Im großen und ganzen ist eine *beständige* Amortisation für den moralischen Verschleiß nur bei einem konstanten Wachstum der Arbeitsproduktivität und der *Effektivität der Produktionsfonds* gerechtfertigt.

3.

Die Konsumtion der Bevölkerung wächst (Geschlossene Volkswirtschaft)

Wir unterstellen, daß der prozentuale Zuwachs der Konsumtion der Bevölkerung konstant ist; Amortisationen für den moralischen Verschleiß werden nicht durchgeführt. Die oben angegebenen Bedingungen nehmen dann die folgende Form an:

$$r_U = \frac{\Delta Y_U}{Y_U} = \text{const},$$

$$b = 0.$$

Es sind die Verhältnisse und wechselseitigen Abhängigkeiten zwischen den folgenden Größen zu untersuchen:

1. r_U, Y_U, Y_E, F_U, F_E, k_U und k_E;
2. ΔY_U, ΔY_E, ΔF_U, ΔF_E, Δk_U und Δk_E.

Diese Größen sind durch folgende Gleichungen miteinander verbunden:

$$r_U = \frac{\Delta Y_U}{Y_U}, \tag{1}$$

$$Y_U = k_U \cdot F_U, \tag{2}$$

$$Y_E = k_E \cdot F_E, \tag{3}$$

$$Y_E = \Delta F_U + \Delta F_E, \tag{4}$$

$$\Delta Y_U = k_U \cdot \Delta F_U + \Delta k_U \cdot F_U + \Delta k_U \cdot \Delta F_U, \tag{5}$$

$$\Delta Y_E = k_E \cdot \Delta F_E + \Delta k_E \cdot F_E + \Delta k_E \cdot \Delta F_E. \tag{6}$$

Wir erhalten somit 6 Gleichungen mit 13 Variablen. Es scheint so, als ob dem Ökonomen unter diesen Bedingungen ein weites Feld für die Planung der Volkswirtschaft nach einer maximalen Zielstellung gegeben sei. In Wirklichkeit sind die Möglichkeiten für die freie Wahl von Entwicklungswegen der Volkswirtschaft wesentlich kleiner.

Zunächst einmal muß in jedem gegebenen Jahr von den ziemlich bestimmten Größen F_E und F_U ausgegangen werden. Grob gesprochen, mit Hilfe eines Webstuhls läßt sich keine Walzwerksanlage herstellen, und ein Walzwerk läßt sich nicht für die Bearbeitung von Gespinsten herrichten.
Wir lassen hier das Arbeitskräfteproblem außer Betracht, denn wir unterstellen, daß Arbeitskräfte in beliebiger Anzahl und Zusammensetzung vorhanden sind.
Aber wir möchten die Aufmerksamkeit darauf lenken, daß eine wirkliche Erhöhung der Effektivität der Fonds F_E und F_U in jedem gegebenen Zeitpunkt durch die vorhandenen Rohstoffe begrenzt ist. Unter unseren konkreten Bedingungen muß der Planer mit vielen Voraussetzungen und Gegebenheiten rechnen. Das vermindert aber keineswegs die Notwendigkeit, alle Gesetze, die den Charakter und den Grad der Abhängigkeiten zwischen den volkswirtschaftlichen Elementen bestimmen, zu erkennen. Zudem erhöht sich der „Freiheitsgrad" gegenüber der Ausgangsposition mit der Ausdehnung des Zeitraums, für den wir die Volkswirtschaft planen.
Wir wollen zunächst versuchen, die Abhängigkeit der Größe r_U von der Verteilung der Akkumulationen zwischen F_U und F_E, d. h. in Abhängigkeit von den relativen Ausmaßen der Größen F_U und F_E, zu bestimmen.

$$\begin{aligned} r_U &= \frac{\Delta Y_U}{Y_U} = \frac{\Delta F_U (k_U + \Delta k_U) + F_U \cdot \Delta k_U}{Y_U} \qquad (7)\\ &= \frac{\Delta F_U (k_U + \Delta k_U)}{k_U F_U} + \frac{\Delta k_U}{k_U} \\ &= \frac{\Delta F_U}{F_U} + \frac{\Delta k_U}{k_U} + \frac{\Delta F_U \cdot \Delta k_U}{F_U k_U} \\ &= w_{FU} + w_{kU} + w_{FU} \cdot w_{kU} \,. \end{aligned}$$

Bei erster Betrachtung sieht man, daß die Größe r_U von drei Faktoren abhängt:

1. vom relativen Zuwachs der Effektivität der Fonds F_U, d. h. von
$$\frac{\Delta k_U}{k_U};$$
2. vom Zuwachs dieser Fonds selbst, d. h. von $\frac{\Delta F_U}{F_U}$, und
3. von dem Produkt $\frac{\Delta F_U \cdot \Delta k_U}{F_U \cdot k_U}$.

Man kann als Gesetz formulieren: Bei der Ermittlung des Wachstumstempos der Produktion für eine bestimmte Zeitperiode (z. B. für ein Jahr) ist *das Wachstum der Konsumtion gleich der Summe der Wachstumsraten der Fonds und deren Effektivität plus dem Produkt dieser beiden Wachstumsraten.*

Zunächst sind die Möglichkeiten für den Zuwachs von F_U zu bestimmen.

Bei gegebenen F_E und F_U und unter Berücksichtigung dessen, daß

$$\Delta F_U = Y_E - \Delta F_E,$$

ist *zu jedem gegebenen Zeitpunkt* der Zuwachs der Fonds für die Produktion von Konsumtionsmitteln (ΔF_U) maximal, wenn ΔF_E einen minimalen und Y_E einen maximalen Wert erreicht, d. h. in dem Falle, wenn die gesamte Produktionskapazität der Abteilung E (F_E) bei voller Auslastung nur für ΔF_U eingesetzt wird.

Es ist aber auch ohne mathematische Beweisführung leicht zu erkennen, daß unter der Voraussetzung $\Delta F_E = 0$ die Größe Y_E, und folglich auch ΔF_U, bei wachsender Konsumtion (Y_U) gleichbleiben werden. Die Größe r_U wird demzufolge von Jahr zu Jahr unweigerlich sinken.

Um r_U auf einem gleichbleibenden Niveau halten zu können, müssen offensichtlich bestimmte Verhältnisse zwischen den Elementen der 6 Gleichungen eingehalten werden.

Für die weitere Analyse der Gleichungen setzen wir in diesem Abschnitt die einschränkende Bedingung, daß k_E und k_U konstante Größen sind, um an Hand konkreter Daten die Auswirkung von Veränderungen bei diesen beiden Größen untersuchen zu können.

Die Ausgangsgleichungen nehmen dann die folgende Form an:

$$r_U = \frac{\Delta Y_U}{Y_U}, \quad (1)$$

$$Y_U = k_U \cdot F_U, \quad (2)$$

$$Y_E = k_E \cdot F_E, \quad (3)$$

$$Y_E = \Delta F_U + \Delta F_E, \quad (4)$$

$$\Delta Y_U = k_U \cdot \Delta F_U, \quad (5)$$

$$\Delta Y_E = k_E \cdot \Delta F_E. \quad (6)$$

Aus den Gleichungen (1), (2) und (5) erhalten wir:

$$r_U = \frac{\Delta Y_U}{Y_U} = \frac{\Delta F_U}{F_U} = w_{FU}. \tag{7}$$

Bei konstanter Effektivität (k_U) der Fonds F_U muß der Zuwachs von F_U somit dem Zuwachs der Konsumtion proportional sein.

Aus den Gleichungen (7), (4) und (3) erhalten wir:

$$Y_E = \Delta F_U + \Delta F_E$$

$$= r_U \cdot F_U + w_{FE} \cdot F_E \text{ bei } w_{FE} = \frac{\Delta F_E}{F_E}.$$

Es ist dann:

$$k_E \cdot F_E = r_U F_U + w_{FE} \cdot F_E$$

und

$$w_{FE} = k_E - r_U \left(\frac{F_U}{F_E}\right), \tag{8}$$

$$r_U = \frac{F_E}{F_U} (k_E - w_{FE}).$$

Wenn das Verhältnis $\frac{F_U}{F_E}$ konstant bleibt, dann muß auch der prozentuale Zuwachs von $F_E (w_{FE})$ unveränderlich bleiben: Die Größe von w_{FE} wird durch die Beziehungen zwischen den Größen k_E, r_U, F_U und F_E bestimmt.

Wir demonstrieren die Abhängigkeit der Größe w_{FE} von der Veränderung des Verhältnisses $\frac{F_U}{F_E}$ an Hand eines numerischen Beispiels. Es sei:

$$k_E = 0{,}94 \quad \text{und} \quad r_U = 0{,}20,$$

dann ist

$$w_{FE} = 0{,}94 - 0{,}20 \frac{F_U}{F_E}.$$

Bei

$$\frac{F_U}{F_E} = 5 \text{ ist } w_{FE} = -0{,}06.$$

Das bedeutet, daß bei diesem Verhältnis $\frac{F_U}{F_E}$ der Zuwachs des Einkommens der Bevölkerung nur gewährleistet werden kann, wenn ein Teil der Fonds F_E verzehrt wird.

Bei

$$\frac{F_U}{F_E} = 4{,}7 \text{ ist } w_{FE} = 0.$$

Wenn also

$$\frac{F_U}{F_E} = 4{,}7$$

ist, dann ist ein Zuwachs des Einkommens der Bevölkerung ohne Reduzierung der Fonds F_E in Höhe von 20 Prozent realisierbar.

Diese Bedingung ist jedoch nur für einen bestimmten Zeitpunkt, für ein gegebenes Jahr gültig, denn wir wissen, daß für die Erhöhung von Y_U um 20 Prozent erforderlich ist, daß (bei $k_U = \text{const.}$) F_U ebenfalls um 20 Prozent wächst. Wenn also $w_{FE} = 0$ ist, dann nimmt das Verhältnis $\frac{F_U}{F_E}$ im folgenden Jahr den Wert 5,64 an, so daß das Wachstumstempo r_U im darauffolgenden Jahr nur noch durch den teilweisen Verzehr von F_E gesichert werden könnte.

Nach der obigen Formel erhalten wir:

$$\text{Bei } \frac{F_U}{F_E} = 2 \text{ ist } w_{FE} = 0{,}54,$$

$$\text{bei } \frac{F_U}{F_E} = 1 \text{ ist } w_{FE} = 0{,}74,$$

$$\text{bei } \frac{F_U}{F_E} = 0{,}5 \text{ ist } w_{FE} = 0{,}84,$$

$$\text{bei } \frac{F_U}{F_E} = 0{,}2 \text{ ist } w_{FE} = 0{,}90.$$

Die Funktion, die wir erhalten, beschreibt eine Gerade (vgl. Abb. 4).

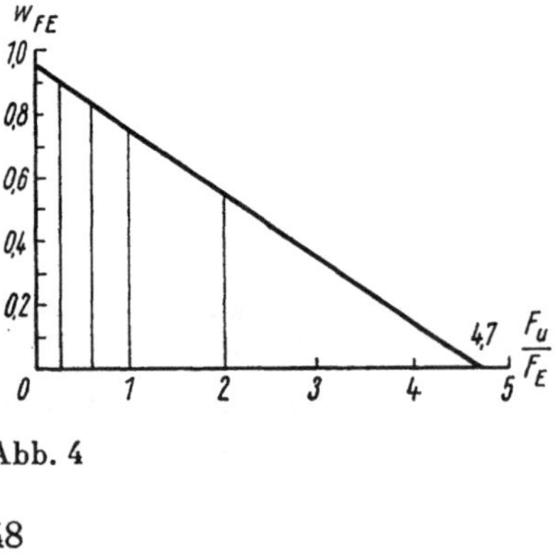

Abb. 4

Worin besteht nun der tiefere Sinn dieses ungewöhnlichen Wachstums von w_{FE} bei sinkendem Anteil von F_U an den Gesamtfonds? Um dies zu verstehen, müssen wir daran erinnern, daß wir bestimmte Wechselbeziehungen zwischen den Elementen der Volkswirtschaft festlegten. Entsprechend der gemachten Annahmen gewährleistet F_E den Zuwachs von $F_U(\Delta F_U)$ und den Zuwachs von $F_E(\Delta F_E)$. Die Größe w_{FE} stimmt mit diesen Erfordernissen überein.

Alles, was von der Produktion $k_E \cdot F_E$ nach Deckung des Bedarfs für die Aufrechterhaltung eines konstanten *Wachstums* von F_U und für den Ersatz des Verschleißes von F_E übrigbleibt, muß somit zwangsläufig zu einer Erweiterung von F_E ohne jeglichen Nutzen für eine Erhöhung von F_U und der Konsumtion führen.

Eine solche Produktion um der Produktion willen ist unter den Bedingungen einer sozialistischen Wirtschaft nur als eine vorübergehende Erscheinung denkbar, etwa mit der Zielstellung, die Struktur der Produktionsfonds $\left(\text{das Verhältnis } \frac{F_E}{F_U}\right)$ zu erhöhen, um dadurch Voraussetzungen für ein beschleunigtes Wachstum der Konsumtion zu schaffen. Es darf allerdings auch nicht übersehen werden, daß die Erhöhung der Fonds in Abteilung E unweigerlich auch zu einer Erhöhung der Konsumtion in Abteilung E führt, wenn die Arbeitsproduktivität nicht entsprechend steigt und die Löhne nicht sinken oder wenn die Akkumulation der Fonds in Abteilung E nicht zeitweilig, für eine spätere Verwendung, „auf Lager" geht. Sogar bei unveränderlicher Höhe der Konsumtion in Abteilung U ist eine Produktionssteigerung in Abteilung E erforderlich, weil entweder die Produktion in Abteilung U oder die Akkumulation auf Kosten der Abteilung U steigt. Mathematisch stellt sich diese Abhängigkeit wie folgt dar.

Wenn wir den Anteil am neugeschaffenen Wert, der für die Akkumulation der Fonds bestimmt ist, mit den Symbolen α_U und α_E bezeichnen, dann wird – entsprechend unserer Annahme – die Konsumtion in Abteilung E vollständig aus der Produktion der Abteilung U gedeckt.

$$\alpha_U \cdot k_U \cdot F_U = (1 - \alpha_E) \cdot k_E \cdot F_E$$

und

$$w_{\alpha U} + w_{kU} + w_{FU} = w_{(1-\alpha_E)} + w_{kE} + w_{FE}\,.$$

Sogar bei

$$w_{(1-\alpha_E)} = 0 \quad \text{und} \quad w_{kE} = 0$$

besteht somit nur die Möglichkeit, daß $w_{FE} > w_{FU}$ ist, wenn $w_{\alpha U} > 0$ oder $w_{kU} > 0$.
$w\alpha_U > 0$ ist nur bei steigender Akkumulation möglich, während $w_{kU} > 0$ entweder durch Erhöhung der Arbeitsleistung der Werktätigen, durch Erhöhung der Anzahl der Arbeitsstunden (Mehrschichtbetrieb) oder durch technische Vervollkommnungen erreicht werden kann. Im entgegengesetzten Falle können die in Abteilung E akkumulierten Fonds keine Verwendung finden. Unter kapitalistischen Bedingungen führt eine solche Entwicklung zu Krisen.

Aber wie muß sich das Verhältnis $\frac{F_U}{F_E}$ gestalten, damit r_U konstant und minimal sei und genau den Erfordernissen eines bestimmten und konstanten Wachstums der Konsumtion der Bevölkerung entspreche. Die Antwort ist höchst einfach. Diese Bedingungen sind erfüllt, wenn

$$\Delta w_{FE} = 0$$

oder

$$F_E \cdot \Delta F_U - \Delta F_E \cdot F_U = 0$$

und schließlich

$$\frac{F_U}{F_E} = \frac{\Delta F_U}{\Delta F_E} \tag{9}$$

$$w_{FE} = w_{FU} = \frac{\Delta F_U}{F_U} = \frac{\Delta F_E}{F_E} = r_E = r_U\,.$$

Bei unveränderlicher Effektivität der Fonds ist für die Sicherung eines konstanten Einkommenszuwachses der Bevölkerung ($r_U =$ const) *somit notwendig und hinreichend, daß sich alle Teile des volkswirtschaftlichen Produktionsapparates mit konstanter Rate r_U erweitern.*
In unserem Falle ist erforderlich, daß $w_{FE} = 20$ Prozent. Diese zusätzliche Bedingung des „proportionalen Wachsens“ wandelt allerdings Formel (8) in Formel (9) um.

$$r_U = k_E - r_U \cdot \frac{F_U}{F_E}$$

und

$$r_U = \frac{k_E}{1 + \frac{F_U}{F_E}},$$

was bedeutet, daß das Verhältnis $\frac{F_U}{F_E}$ das mögliche Wachstum vorbestimmt: ein bestimmtes Wachstumstempo erfordert bei gegebener Fondseffektivität ein ganz bestimmtes Verhältnis zwischen F_U und F_E für die Verwirklichung einer rationalen Wirtschaftsentwicklung im Interesse der Konsumtion. So ergeben sich die folgenden Relationen:

Tabelle 2

$\frac{F_U}{F_E}$	r_U (in Prozent)	$\frac{F_U}{F_E}$	r_U (in Prozent)
9,4	10,0	1,0	47,0
5,0	15,7	0,5	62,7
3,7	20,0	0,2	78,3
2,0	31,3	0,1	85,4
—	—	—	94,0

Diese Funktion nimmt die in Abb. 5 beschriebene Form an. Es ist außerordentlich interessant, daß *das Wachstum des Einkommens der Bevölkerung bei konstanter Effektivität der Fonds eine bestimmte Grenze nicht überschreiten kann,* nämlich die Fondseffektivität k_E.

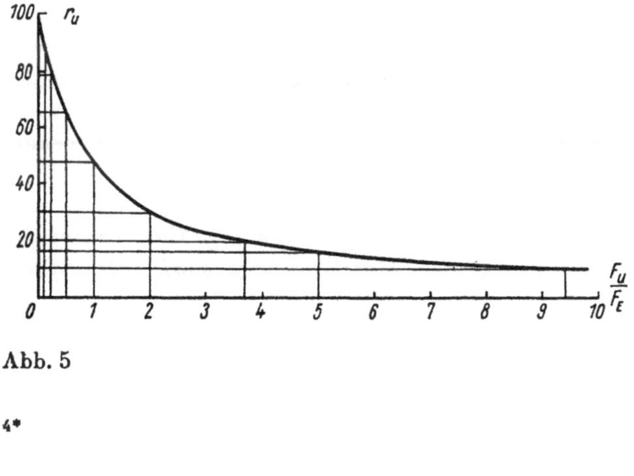

Abb. 5

Unter gebrauchswertmäßigem Aspekt läßt sich das etwa in folgender Weise erklären: Mit Hilfe der Fonds F_E können im Verlaufe des Jahres nicht mehr Produktionsmittel hergestellt werden, als die Effektivität k_E zuläßt. $Y_E = \Delta F_U + \Delta F_E$ kann nicht größer sein als $k_E \cdot F_E$. In unserem Beispiel ist $k_E = 0{,}94$ und

$$\frac{\Delta F_U + \Delta F_E}{k_E \cdot F_E} < 1$$

oder

$$\frac{\Delta F_U + \Delta F_E}{F_E} < k_E,$$

um so mehr, als

$$\frac{\Delta F_E}{F_E} < k_E$$

und

$$r_U < k_E.$$

Der *Charakter* dieser Kurve hat für die volkswirtschaftliche Planung große Bedeutung. Aus dem Verlauf der Kurve wird deutlich, daß die Erhöhung des Verhältnisses $\frac{F_E}{F_U}$ auf mehr als 2 nur noch geringfügige Resultate zeitigt.

Diese Kurve zeigt, wie sich das Wachstum des Bevölkerungseinkommens in Abhängigkeit von der Industrialisierung des Landes auf jeder Stufe seiner industriellen Entwicklung erhöht, denn das Verhältnis $\frac{F_E}{F_U}$ ist zweifellos eines der wesentlichsten Merkmale zur Kennzeichnung des Industrialisierungsgrades eines Landes, in dem sich der Anteil der fabrikmäßig organisierten Industrieproduktion an der modernen Wirtschaft ständig erhöht.

Die Erhöhung der Wachstumsraten ist demzufolge in hohem Grade von einer beschleunigten Industrialisierung abhängig. Um den konstanten Zuwachs des Bevölkerungseinkommens von 10 Prozent auf 15,7 Prozent steigern zu können, bedarf es einer Erhöhung von $\frac{F_E}{F_U}$ auf fast das Doppelte.

Wachstum bedeutet somit: Industrialisierung, Entwicklung der Schwerindustrie und des Maschinenbaus sowie Elektrifizierung.

Andererseits ist die Folge der Industrialisierung ohne entsprechendes Wachstum des Einkommens der Bevölkerung

Tabelle 3

$\frac{F_E}{F_U}$	r_U (in Prozent)		
	$k_E = 0{,}485$	$k_E = 0{,}94$	$k_E = 1{,}38$
0,1	4,6	10,0	13,3
0,2	8,1	15,7	23,0
0,3	10,3	20,0	29,4
0,5	16,2	31,3	46,0
1,0	24,3	47,0	69,0
2,0	32,3	62,7	92,0
5,0	40,4	78,3	115,0
10,0	44,1	85,4	125,5
∞	48,5	94,0	138,0

in den kapitalistischen Ländern: Überproduktion, Kampf um Außenmärkte, Imperialismus, Kriege . . .

Aus dem Dargelegten wird bereits ersichtlich, welch große Bedeutung das Wachstum von k_E für die Entwicklung der Wachstumsraten hat. Aus diesem Grunde zeigen wir in Tabelle 3, wie sich die Größe r_U in Abhängigkeit von der Entwicklung des Verhältnisses $\frac{F_E}{F_U}$ bei drei verschiedenen Werten von k_E ($k_E = 0{,}485$; 0,94 und 1,38) verändert.

Die graphische Darstellung ergibt das folgende Bild (vgl. Abb. 6).

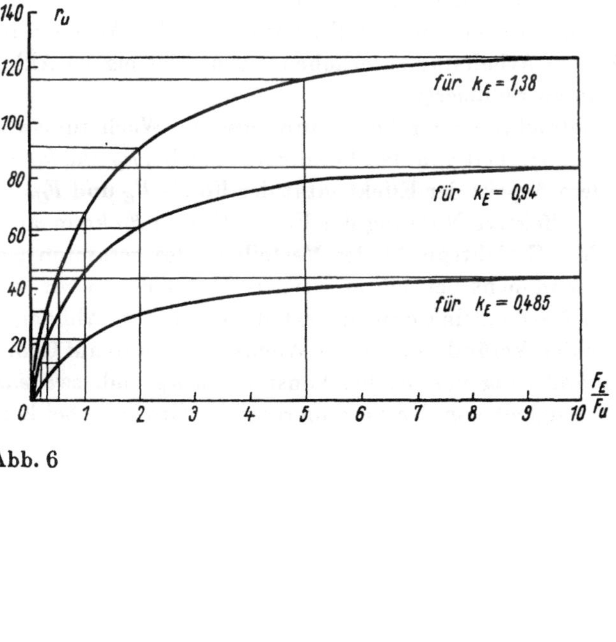

Abb. 6

Daraus ergibt sich:

1. Besonders ergiebig wird die Erhöhung von $\frac{F_E}{F_U}$ nur bis zu den Werten 1–2;
2. die Wachstumsraten erhöhen sich proportional zum Wachstum von k_E;
3. die ersten Abschnitte, die für uns am meisten von Interesse sind, sind um so steiler, je größer k_E ist; die Effektivität der „Industrialisierung" ist also um so bedeutender, je größer k_E.

Daraus ergibt sich eindeutig, warum sich in den Vereinigten Staaten die Zahl der Arbeitsstunden verringert. Das ist eine Folge der notwendigen Verringerung der Kapitaleffektivität bei wachsender Industrialisierung der fortgeschrittenen Länder und der schwachen Entwicklung der Märkte.

Das Argument Ford's, daß die Verminderung der Arbeitszeit zu einer Verbesserung der allgemeinen Wirtschaftskonjunktur führe, weil sich der Verbrauch in den Mußestunden erhöhe, ist nur insofern richtig, als bereits eine Überproduktion existiert und daher sogar eine nur geringfügige Ersparnisbildung der Arbeiterklasse den durch die kapitalistische Produktionsweise hervorgerufenen Widerspruch zwischen Industrialisierung und Wachstum der Konsumtion vertieft. Ford zieht es natürlich vor, selbst zu akkumulieren und die Konsumtion der breiten Massen auf Kosten ihrer Ersparnisse zu erhöhen. Anders ist seine Großzügigkeit nicht zu verstehen, denn er hat weder vor, die Realeinkünfte der Arbeiter bei verkürztem Arbeitstag zu erhöhen, noch seine eigene Akkumulation zu reduzieren.

Bisher betrachteten wir die Veränderung des Wachstums von r_U in Abhängigkeit von den Veränderungen bei k_E und k_U nur unter dem Aspekt der Effektivität der Fonds F_E und F_U.

Aber die effektive Nutzung der Fonds F_E und F_U kann auch unter dem Gesichtspunkt der Verteilung des gesamten Nationaleinkommens betrachtet werden. Untersuchen wir, wie sich das Nationaleinkommen verteilt, *erstens*, in Abhängigkeit von den Veränderungen im Wachstum von r_U auf Grund der Veränderung von F_E bei konstantem k_E und, *zweitens*, in Abhängigkeit von der Veränderung der Größe k_E bei konstantem $\frac{F_E}{F_U}$.

Wir bestimmten die Relationen

$$\frac{\Delta F_E}{\Delta F_E + \Delta F_U} \quad \text{und} \quad \frac{Y_E}{Y_E + Y_U}.$$

Aus dem Vorangegangenen wissen wir, daß

$$\frac{F_E}{F_U} = \frac{\Delta F_E}{\Delta F_U} = \frac{Y_E \cdot k_U}{Y_U \cdot k_E}.$$

Folglich ist

$$\frac{\Delta F_E}{\Delta F_E + \Delta F_U} = \frac{F_E}{F_E + F_U}.$$

Mit anderen Worten: Bei proportionalem Wachstum der gesamten Produktionsfonds und bei konstanten k_E und k_U muß die produktive Akkumulation für jedes gegebene r_U proportional zu den Fonds verteilt werden, wobei dieses Verhältnis bei gegebenen $\frac{F_E}{F_U}$ nicht von k_E abhängt. Unabhängig von der Größe k_E haben wir somit die folgenden Verhältnisse $\frac{F_E}{F_E + F_U}$ bei einem bestimmten konstanten Wert von r_U (vgl. Tab. 4).

Tabelle 4

$\frac{F_E}{F_U}$	r_U			$\frac{\Delta F_E}{\Delta F_E + \Delta F_U}$
	$k_E = 0{,}485$	$k_E = 0{,}94$	$k_E = 1{,}38$	
0,106	4,6	10,0	13,3	0,096
0,2	8,1	15,7	23,0	0,167
0,5	16,2	31,3	46,0	0,333
1,0	24,3	47,0	69,0	0,500
2,0	32,3	62,7	92,0	0,666
5,0	40,4	78,3	115,0	0,833
10,0	44,1	85,4	125,5	0,910
∞	48,5	94,0	138,0	1,000

Aus dieser Tabelle ist zu ersehen, daß ein sinkendes k_E zwar das Wachstumstempo des Nationaleinkommens verlangsamt, aber nicht die Notwendigkeit der Bereitstellung von Fonds für die erweiterte Reproduktion bei konstantem Wachstum mindert.

Diese Tabelle bestätigt somit erneut, welche außerordentliche Bedeutung die volle Auslastung der uns zur Verfügung stehenden Fonds mit maximaler Effektivität für die Erhöhung des Wachstums des Nationaleinkommens hat.

Daraus leiten sich die Forderungen nach der Rationalisierung der Wirtschaft und der Arbeit im Mehrschichtbetrieb ab.

Wir müssen jedoch berücksichtigen, daß – entsprechend den gesetzten Bedingungen – in F_E und F_U nicht nur der Wert der Grund-, sondern auch der Umlaufmittel eingeht. Die Erhöhung von k_U und k_E erfordert gewöhnlich eine Zunahme von Umlaufmitteln. Es sind deshalb folgende Möglichkeiten zu untersuchen:

1. k_U und k_E erhöhen sich, aber so, daß $\frac{F_E}{F_U}$ konstant bleibt. Dann erhöht sich r_U entsprechend Formel (7) auf S. 44 $\left(\frac{\Delta k_U}{k_U}\right)$ zuzüglich der sich aus Formel (9) auf S. 49 ergebenden Steigerung.
2. k_U und k_E erhöhen sich, aber so, daß das Verhältnis $\frac{F_E}{F_U}$ steigt, weil k_E relativ schneller wächst als k_U. Dann erfolgt eine Steigerung von r_U ebenfalls nach Formel (7) und eine verstärkte Steigerung nach Formel (9), die mit dem Übergang zu einer höheren industriellen Struktur der Volkswirtschaft verbunden ist.
3. k_U und k_E erhöhen sich, aber das Verhältnis $\frac{F_E}{F_U}$ sinkt, weil k_U relativ schneller wächst als k_E. In diesem Falle wächst r_U ebenfalls, aber wir können nicht sagen, in welchem Grade es durch das sinkende Verhältnis $\frac{F_E}{F_U}$ zum Stillstand kommen wird. Zur Beantwortung dieser Frage sind weitere Analysen erforderlich.

Wir wenden uns nunmehr wieder dem Verhältnis zu:

$$\frac{Y_E}{Y} = \frac{Y_E}{Y_E + Y_U} = \frac{k_E \cdot F_E}{k_E \cdot F_E + k_U \cdot F_U} = \frac{1}{1 + \frac{k_U \cdot F_U}{k_E \cdot F_E}}.$$

In Tabelle 5 errechnen wir 9 Beispiele für die Entwicklung des Verhältnisses $\frac{Y_E}{Y_E + Y_U}$ $\left(r_U \text{ und } \frac{Y_E}{Y} \text{ in Prozent}\right)$.

Tabelle 5

	$k_E = 0{,}485$				$k_E = 0{,}94$				$k_E = 1{,}38$			
k_U	0,485 0,94 1,38	0,485	0,94	1,38	0,485 0,94 1,38	0,485	0,94	1,38	0,485 0,94 1,38	0,485	0,94	1,38
$\frac{F_E}{F_U}$	r_U	$\frac{Y_E}{Y}$			r_U	$\frac{Y_E}{Y}$			r_U	$\frac{Y_E}{Y}$		
0,106	4,6	9,6	5,2	3,6	10,0	17,1	9,6	6,7	13,3	23,2	13,5	9,6
0,2	8,1	16,7	9,4	6,6	15,7	27,9	16,7	12,0	23,0	36,3	22,7	16,7
0,5	16,2	33,3	20,5	14,9	31,3	49,3	33,3	25,4	46,0	58,8	42,3	33,3
1,0	24,3	50,0	34,0	26,0	47,0	65,9	50,0	40,5	69,0	74,0	59,5	50,0
2,0	32,3	66,6	50,8	41,3	62,7	79,5	66,6	57,7	92,0	85,1	74,6	66,6
5,0	40,4	83,3	72,1	63,7	78,3	90,7	83,3	77,3	115,0	93,4	88,0	83,3
10,0	44,1	91,0	83,7	77,8	85,4	95,2	91,0	87,2	125,5	96,6	93,0	91,0
	48,5	100,0	100,0	100,0	94,0	100,0	100,0	100,0	138,0	100,0	100,0	100,0

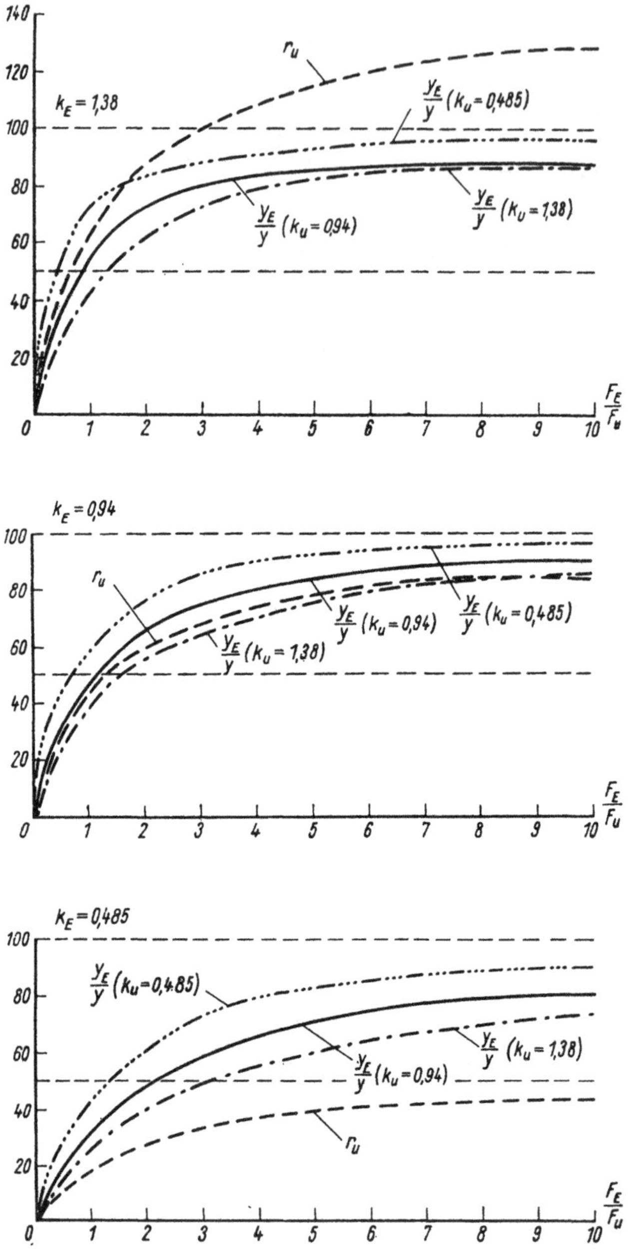

140
120
100
80
60
40
20
0
1
2
3
4
5
6
7
8
9
10
$k_E = 1{,}38$
r_u
$\frac{y_E}{y}$ $(k_u = 0{,}485)$
$\frac{y_E}{y}$ $(k_u = 0{,}94)$
$\frac{y_E}{y}$ $(k_u = 1{,}38)$
$\frac{F_E}{F_u}$
$k_E = 0{,}94$
r_u
$\frac{y_E}{y}$ $(k_u = 0{,}94)$
$\frac{y_E}{y}$ $(k_u = 0{,}485)$
$\frac{y_E}{y}$ $(k_u = 1{,}38)$
$\frac{F_E}{F_u}$
$k_E = 0{,}485$
$\frac{y_E}{y}$ $(k_u = 0{,}485)$
$\frac{y_E}{y}$ $(k_u = 1{,}38)$
$\frac{y_E}{y}$ $(k_u = 0{,}94)$
r_u
$\frac{F_E}{F_u}$

Abb. 7

Zur Aufdeckung der Gesetzmäßigkeiten stellen wir in Abb. 7 die Entwicklung von r_U und $\frac{Y_E}{Y}$ in Abhängigkeit vom Wachstum der Kennziffer der „Industrialisierung" des Landes $\frac{F_E}{F_U}$ dar.

Welche Schlüsse können aus den angeführten Zahlenreihen und Kurven gezogen werden?

1. Je größer k_U bei gegebenem k_E, *desto kleiner* kann der *Teil des Nationaleinkommens* (Y_E) sein, der für die Aufrechterhaltung der gegebenen Wachstumsrate des Einkommens der Bevölkerung erforderlich ist, wobei die *Senkung* dieses Anteils für die produktive Akkumulation *um so bedeutender* ist, je niedriger der Industrialisierungsgrad des Landes, je niedriger also das Verhältnis $\frac{F_E}{F_U}$ und je niedriger der Koeffizient k_E sind.

2. Bei gegebenem Anteil der produktiven Akkumulation am Nationaleinkommen ist r_U um so höher, je größer k_U bei gegebenem k_E; dieses *Wachstum durch Erhöhung des Koeffizienten k_U bedingt jedoch einen hohen Industrialisierungsgrad des Landes.*

Die Antwort, die wir aus dieser Analyse erhalten, ist insofern noch nicht erschöpfend, da sie keinen Hinweis darauf gibt, ob es quantitativ gesehen vorteilhafter ist, wenn der Übergang von einem gegebenen Wachstumstempo zu einem höheren durch Steigerung des Verhältnisses $\frac{F_E}{F_U}$ erreicht wird oder, wenn er aus dem Wachsen der Koeffizienten k_U und k_E folgt, was eine Erhöhung des Anteils der Umlauffonds gegenüber dem Grundfonds voraussetzt. Ebenso erhalten wir keine Antwort auf die Frage, ob unsere Anstrengungen vorteilhafter auf die Erhöhung von k_U oder von k_E und folglich auf eine Erhöhung der Umlaufmittel im Bestand von F_U oder von F_E zu richten sind.

Auf der Grundlage der hier angeführten Beziehungen ist aber schon die Möglichkeit gegeben, eine Rangskala für die Erzielung maximaler Tempi in einer kurzfristigen Zeitperiode aufzustellen:

1. Maximale Nutzung von F_U, Erhöhung von k_U und Vergrößerung der Umlauffonds im Bestand von F_U;

2. Maximale Nutzung von F_E und Erhöhung von k_E wie unter 1;

3. Erhöhung des Verhältnisses $\frac{F_E}{F_U}$.

Wir wollen diese Thesen an Hand eines Beispiels, das wir aus Tabelle 5 und Abb. 7 entnehmen, grob und näherungsweise illustrieren.

Es wird angenommen, daß die Konsumtion der Bevölkerung (Y_U) mit einer jährlichen Rate (r_U) in Höhe von 8,1 Prozent wächst. Diese Wachstumsrate soll auf 16,2 Prozent verdoppelt werden.

Dies kann erreicht werden:

1. wenn k_U um 8,1 Prozent erhöht wird (vgl. Formel (7) auf S. 44). Wenn die Umlaufmittel der Größe k_U proportional sind und 20 Prozent des gesamten Fonds F_U betragen, dann ist für die Erhöhung von k_U um 8,1 Prozent ein Wachstum der Fonds F_U um 1,62 Prozent erforderlich;

2. wenn wir r_U von 8,1 Prozent auf 15,7 Prozent (das ist eine geringere Steigerung, als in den Bedingungen vorausgesetzt) durch eine Zunahme von k_E erhöhen wollen, dann müßte k_E ebenfalls auf das Doppelte steigen. Aus Tabelle 5 ist zu ersehen, daß das der zweiten Zeile und einem Verhältnis 0,2 für $\frac{F_E}{F_U}$ entspricht. Wenn wir annehmen, daß die Umlaufmittel ebenso wie beim vorangegangenen Vergleich 20 Prozent des Gesamtbestandes von F_E betragen und daß sie ebenfalls der Größe k_E proportional sind, dann ist die Erhöhung der Größe k_E um 20 Prozent bedingt durch ein Wachstum von F_E ebenfalls um 20 Prozent und von F_U um 4 Prozent.

3. Schließlich sei unterstellt, daß wir eine Erhöhung der Wachstumsrate r_U durch die „Industrialisierung" des Landes, d. h. durch Erhöhung des Verhältnisses $\frac{F_E}{F_U}$ erreichen wollen. Aus Tabelle 5 können wir ersehen, daß die Steigerung der Größe r_U von 8,1 auf 16,2 Prozent bei $k_U = 0{,}485$ und $k_E = 0{,}485$ eine Erhöhung des Verhältnisses $\frac{F_E}{F_U}$ von 0,2 auf 0,5 erfordert, was bei konstantem

F_U ein Wachstum der Größe F_E auf das $2\frac{1}{2}$fache oder um 150 Prozent bedeutet. Dieses Wachstum von F_E ist gleichbedeutend mit 0,30 F_U.

Für die Erhöhung der Wachstumsrate r_U auf etwa das Doppelte (von 8,1 auf 16,2 Prozent) *müssen somit Mittel aus dem Nationaleinkommen in den folgenden Größenordnungen bereitgestellt werden*, und zwar
wenn es erreicht werden soll durch eine Erhöhung von:

k_U, im Umfang von 1,62 Prozent von F_U

k_E, im Umfang von 4,0 Prozent von F_U

$\frac{F_E}{F_U}$, im Umfang von 30,0 Prozent von F_U.

Dieses numerische Beispiel bestätigt somit die von uns oben formulierten Thesen. Natürlich wird das Problem damit noch nicht erschöpft, denn hier bleiben die Ausgaben, die mit dem Wachstum der Beschäftigtenzahl zusammenhängen (Wohnungen u. a.), unberücksichtigt. Natürlich gibt es Grenzen für das Wachstum von k_U und k_E. Aus statistischen Daten über die Entwicklung in den USA wissen wir, daß den Koeffizienten k_U und k_E keine innere Tendenz zum Wachstum innewohnt.
Aber *bei uns* gibt es noch vielfältige Möglichkeiten für die Steigerung von k_U und k_E sowohl durch Einführung des Mehrschichtbetriebes als auch durch Rationalisierung der Produktion.

Es ist uns gegenwärtig nicht möglich, unsere Forschungen praktisch zu untermauern, doch möchten wir auf die außerordentlich bedeutende Rolle der Elektrifizierung des Landes aufmerksam machen, denn zugleich mit der Erhöhung der Effektivität aller Fonds (sowohl k_U als auch k_E) trägt sie zur Steigerung des Verhältnisses $\frac{F_E}{F_U}$ mit allen daraus folgenden und oben dargelegten Konsequenzen bei.

4.

Die Wachstumsbeziehungen zwischen den Größen Y_U, Y_E, k_U, k_E, F_U und F_E (allgemeine Darstellung)

Bislang verzichteten wir bei der Wachstumsanalyse auf die Anwendung der höheren Mathematik. Aber nur die Differentialrechnung vermag der Wachstumstheorie eine einfache, klare und allgemeingültige Form zu geben. Die Anwendung der Differentialrechnung verleiht den Begriffen Nationaleinkommen, Fondszuwachs und Wachstum einen mathematischen Inhalt, der etwas von dem gewohnten abweicht. Die Differentialrechnung arbeitet mit unendlich kleinen Veränderungen bzw. Bewegungen der Größen in unendlich kleinen Zeitabschnitten. In der weiteren Darlegung haben wir es deshalb schon nicht mehr mit einem Nationaleinkommen zu tun, das im Verlaufe eines Jahres produziert wurde, sondern mit der „Geschwindigkeit" der Produktion dieses Nationaleinkommens zu jedem gegebenen Zeitpunkt, mit einem *unendlich kleinen Zuwachs* der kristallisierten menschlichen Arbeit in einem unendlich kleinen Zeitabschnitt.

Das Tempo dieser Produktion kann für jeden gegebenen Zeitpunkt an der Größe des Nationaleinkommens *gemessen* werden, die erzielt werden würde, wenn das Nationaleinkommen mit dem gegebenen konstanten Tempo während des ganzen Jahres produziert werden würde; aber es handelt sich dabei allein um das *Tempo* der Produktion, um den durch die Zeit dividierten Produktionsumfang *für jeden gegebenen Abschnitt.*

Dasselbe gilt auch für den Zuwachs der Produktionsfonds. In den Formeln handelt es sich stets nur um das *Tempo* des Wachstums.

Das Wachstumstempo wird in diesem Falle bestimmt als das Verhältnis der Beschleunigung in der Zeiteinheit zum Tempo im gegebenen Zeitpunkt.

Bei der weiteren Analyse unterstellen wir zunächst, daß es keine Amortisationen für moralischen Verschleiß gibt. Wir berücksichtigen auch nicht die einschränkenden Bedingungen, die in den folgenden Gleichungen (vgl. Abschnitt 3) gemacht werden:

$$\alpha_U \cdot k_U \cdot F_U = (1 - \alpha_E) \cdot k_E \cdot F_E$$

und

$$w\, \alpha_U + w_{kU} + w_{FU} = w\,(1 - \alpha_E) + w_{kE} + w_{FE}\,.$$

Es wird angenommen, daß es durch die Steigerung von k_U und α_U, also durch die Erhöhung der Effektivität der Produktionsfonds und des Anteils der für die Akkumulation bestimmten Produktion, möglich ist, die Wachstumstempi w_{FE} und w_{FU} zu sichern.

Andererseits ist die Möglichkeit zur Industrialisierung des Exports und Imports von Konsumtionsmitteln nicht ausgeschlossen.

Als Grundlage der Analyse wählen wir wiederum vier Grundgleichungen; diesmal in der Schreibweise der Differentialrechnung:

$$r_U = \frac{dY_U}{dt} \cdot \frac{1}{Y_U} \tag{1}$$

$$Y_U = k_U \cdot F_U \tag{2}$$

$$Y_E = k_E \cdot F_E \tag{3}$$

$$Y_E = \frac{dF_E}{dt} + \frac{dF_U}{dt}\,, \quad \text{bei } A_M = 0. \tag{4}$$

Außerdem gilt gemäß Definition:

$$r_E = \frac{dY_E}{dt} \cdot \frac{1}{Y_E}\,,$$

$$w_{kE} = \frac{dk_E}{dt} \cdot \frac{1}{k_E}\,, \qquad w_{kU} = \frac{dk_U}{dt} \cdot \frac{1}{k_U}\,,$$

$$w_{FE} = \frac{dF_E}{dt} \cdot \frac{1}{F_E}\,, \qquad w_{FU} = \frac{dF_U}{dt} \cdot \frac{1}{F_U}\,.$$

Aus den ersten Abschnitten wissen wir, daß

$$r_U = w_{kU} + w_{FU}\,,$$

$$r_E = w_{kE} + w_{FE}\,,$$

$$r = w_k + w_F\,.$$

Diese Gleichungen gelten unabhängig davon, ob das Wachstum positiv oder negativ ist.
Diese Gleichungen decken das Paradoxon auf, daß die Erhöhung der Produktionsfonds bei sinkender Effektivität der Fonds sinkende Wachstumsraten des Nationaleinkommens hervorrufen kann. *Daraus folgt, daß die Steigerung der Arbeitsproduktivität nur dann zu einer Erhöhung der Wachstumstempi des Nationaleinkommens führt, wenn sich diese steigende Arbeitsproduktivität letzten Endes in einer erhöhten Effektivität des Fondseinsatzes niederschlägt.*
Diese Voraussetzung wird aber bei weitem nicht immer gewahrt, denn oft wird die Steigerung der Arbeitsproduktivität mit einem übermäßig hohen Preis erkauft.
Auf dieses Problem werden wir noch zurückkommen.
Die Wechselbeziehungen zwischen den Wachstumstempi der Produktionsfonds in den beiden Abteilungen U und E werden auf folgende Weise dargestellt:

$$Y_E = \frac{dF_U}{dt} + \frac{dF_E}{dt}$$

und

$$k_E \cdot F_E = F_U \cdot w_{FU} + F_E \cdot w_{FE}$$

oder

$$w_{FE} = k_E - \frac{F_U}{F_E} \cdot w_{FU}$$

oder

$$\frac{F_E}{F_U} = \frac{w_{FU}}{k_E - w_{FE}}.$$

Als eine erste Schlußfolgerung kann aus dieser Formel gefolgert werden, daß bei konstantem k_E das Verhältnis $s_F = \frac{F_E}{F_U}$ (vgl. Abschnitt 3) gesteigert werden muß, wenn das Wachstum erhöht werden soll.
Aus dieser Formel leitet sich die Wechselbeziehung zwischen den Wachstumstempi von Y_U und Y_E ab:

$$(r_E - w_{kE}) = k_E - \frac{F_U}{F_E}(r_U - w_{kU}).$$

Da wir keinerlei spezielle einschränkende Bedingungen für die Größe und Wachstumsdynamik von w_{FE} und w_{FU} formuliert haben, können wir die Funktionalbeziehungen unter der Voraussetzung beliebig variabler w_{FE}, w_{FU} und k_E analysieren.

Wir differenzieren die Gleichung

$$w_{FE} = k_E - \frac{F_U}{F_E} \cdot w_{FU}$$

und erhalten:

$$\frac{dw_{FE}}{dt} = \frac{dk_E}{dt} - w_{FU} \left(\frac{F_E \cdot \frac{dF_U}{dt} - \frac{F_U dF_E}{dt}}{F_E^2} \right) - \frac{F_U}{F_E} \cdot \frac{dw_{FU}}{dt},$$

$$\frac{F_E}{F_U} \cdot \frac{dw_{FE}}{dt} = \frac{F_E}{F_U} \cdot \frac{dk_E}{dt} - w_{FU} (w_{FU} - w_{FE}) - \frac{dw_{FU}}{dt},$$

$$\frac{F_E}{F_U} \cdot \frac{w_{FE}}{w_{FU}} \cdot w'_{FE} = \frac{F_E}{F_U} \cdot \frac{k_E}{w_{FU}} \cdot w_{kE} - w_{FU} + w_{FE} - w'_{FU},$$

wobei

$$w' = \frac{dw}{dt} \cdot \frac{1}{w},$$

oder anders:

$$w_{FE} + \frac{F_E}{F_U} \cdot \frac{k_E}{w_{FU}} \cdot w_{kE} - \frac{F_E}{F_U} \cdot \frac{w_{FE}}{w_{FU}} \cdot w'_{FE} = w_{FU} + w'_{FU} \,. \quad (1)$$

Unter der Voraussetzung, daß die Größe der Amortisationen für moralischen Verschleiß gleich Null ist, bringt diese Formel in allgemeinster Form die Wechselbeziehungen zwischen den Wachstumstempi und ihren Veränderungen bei allen uns interessierenden Parametern zum Ausdruck.

Die Parameter w_{FU} und w_{FE} bestimmen die Wachstumstempi der Konsumtion der Bevölkerung, wie zu ersehen aus der Gleichung

$$r_U = w_{FU} + w_{kU}$$

und der davon abgeleiteten Gleichung

$$r_U \cdot r'_U = w_{FU} \cdot w'_{FU} + w_{kU} \cdot w'_{kU}$$

oder in anderer Schreibweise:

$$r'_U = w'_{FU} \cdot \frac{w_{FU}}{r_U} + w'_{kU} \cdot \frac{w_{kU}}{r_U}.$$

Setzen wir für r_U den Ausdruck aus der ersten Gleichung ein, so erhalten wir:

$$r'_U = \frac{w_{FU} \cdot w'_{FU} + w_{kU} \cdot w'_{kU}}{w_{FU} + w_{kU}}.$$

Die Größe r'_U ist somit das gewichtete Mittel aus den Wachstumstempi von w_{FU} und w_{kU}.
Bei Konstanz der Größe w_{kU} erhält die Formel folgende Gestalt:

$$r'_U = \frac{w_{FU} \cdot w'_{FU}}{w_{FU} + w_{kU}} = \frac{w'_{FU}}{1 + \dfrac{w_{kU}}{w_{FU}}} .$$

Bei $w_{kU} = 0$ ist

$$r'_U = w'_{FU} \quad \text{und} \quad r_U = w_{FU} .$$

Somit haben wir die enge Abhängigkeit (die bis zur Gleichheit bei $k =$ const. geht) der Größen r_U und r'_U von w_{FU} und w'_{FU} aufgedeckt.
Durch die Summe $w_{FU} + w'_{FU}$ auf der rechten Seite der Wachstumsgleichung (1) wird jedoch der Charakter der Abhängigkeit dieser beiden Summanden bestimmt. Wenn $w'_{FU} > 0$, dann wächst w_{FU}, bleibt aber immer kleiner als die linke Seite der Gleichung, solange $w'_{FU} \neq 0$. Wenn aber die *linke Seite* der Gleichung *in gleichem Tempo wächst* wie w_{FU}, dann nimmt auch w'_{FU} im gleichen Tempo zu wie w_{FU}.
Würde die *linke Seite* der Gleichung *schneller wachsen* als w_{FU}, dann müßte auch w'_{FU} schneller steigen als w_{FU}. Nur wenn die *linke Seite* der Gleichung *langsamer wächst* als die Größe w_{FU}, könnte w'_{FU} letzten Endes auf Null absinken, und das Wachstum von w_{FU} könnte nach Erreichen des Maximums aufhören.
Betrachten wir zunächst den Fall, daß die Summe des zweiten und dritten Gliedes auf der linken Seite der Gleichung Null ist.
Die Existenz einer solchen Gleichung wäre möglich:

$$\frac{F_E}{F_U} \cdot \frac{1}{w_{FU}} \cdot k_E \cdot w_{kE} = \frac{F_E}{F_U} \cdot \frac{1}{w_{FU}} \cdot w_{FE} \cdot w'_{FE}$$

oder

$$k_E \cdot w_{kE} = w_{FE} \cdot w'_{FE} .$$

Die Erfahrungen aus den letzten Jahrzehnten der US-amerikanischen Entwicklung zeigen, daß die Größen w_{kE} und w_{FE} negativ sind. Allerdings ist die Möglichkeit nicht ausgeschlossen, daß diese Größen unter bestimmten Bedingungen positiv werden. Ein konstantes Wachstum von w_{FE}, bei dem

w'_{FE} dann Null wird, ist durchaus realisierbar. Das gleiche kann auch in bezug auf k_E und w_{kE} gesagt werden.
Bei

$$k_E \cdot w_{kE} = w_{FE} \cdot w'_{FE}$$

reduziert sich die allgemeine Wachstumsformel auf

$$w_{FE} = w_{FU} + w'_{FU} \,.$$

Ein Wachstum von w_{FU} und $w'_{FU} > 0$ *ist nur solange möglich, wie* $w_{FE} > w_{FU}$ *ist.*
Dabei kann w_{FE} auch steigen, wenn $w'_{FE} > 0$ ist. Welches sind die Grenzen dieser allgemeinen Wachstumstempi der Produktionsfonds in den Abteilungen U und E?
Zur Beantwortung dieser Frage modifizieren wir die Gleichung

$$w_{FE} + \left(\frac{F_E}{F_U} \cdot \frac{k_E}{w_{FU}} \cdot w_{KE}\right) - \frac{F_E}{F_U} \cdot \frac{w_{FE}}{w_{FU}} w'_{FE} = w_{FU} + w'_{FU} \quad (1)$$

mit Hilfe von

$$w_{FE} = k_E - \frac{F_U}{F_E} \cdot w_{FU} \,.$$

Wir erhalten:

$$k_E - (w_{FE} + w'_{FE}) + \frac{k_E w_{kE}}{w_{FE}} = \frac{F_U}{F_E} \cdot \frac{w_{FU}}{w_{FE}} \cdot (w_{FU} + w'_{FU}) . \quad (2)$$

Wenn $w_{kE} = 0$ ist, dann gilt

$$k_E - (w_{FE} + w'_{FE}) = \frac{F_U}{F_E} \cdot \frac{w_{FU}}{w_{FE}} (w_{FU} + w'_{FU}) \,.$$

Bei wachsendem w_{FE} müßte ein Moment eintreten, bei dem der Wert

$$k_E - (w_{FE} + w'_{FE}) \,,$$

der allmählich abnimmt, letzten Endes Null wird.
Zugleich müßten auf der rechten Seite der Gleichung die beiden Glieder des Zählers (F_U und w_F), die allmählich zunehmen, insgesamt im Zähler eine positive Größe > 0 ergeben, während w'_{FU} im äußersten Falle eine konstante Größe bleibt.
Im Nenner wird w_{FE} in keinem Fall größer als k_E. Wenn somit die linke Seite der Gleichung gleich Null wird, dann kann die Gleichheit nur dann nicht gestört werden, wenn F_E unendlich wird.

Das ist zweifellos ein Grenzfall und hat nur theoretisches Interesse, aber er dient der Aufklärung des Wesens dieser Funktion.

In dem Maße, wie w_{FE} wächst und sich der Größe k_E nähert, verringert sich w'_{FE} und wird im Grenzfall Null, während $w_{FE} = k_E$ wird.

Die Grenze für das Wachstumstempo der Produktionsfonds F_E ist somit durch die Effektivität dieser Fonds gesetzt. Das Wachstum von k_E und w_{kE} kann diese Grenzen ausdehnen.

Bei

$$w_{kE} = 0; \quad w'_{FE} = 0; \quad w_{FE} = w_{FU} + w'_{FU}$$

ist die Grenze

$$w_{FE} = k_E = w_{FU} + w'_{FU}\,.$$

Wie wir sehen, stellt auch $w_{FE} = k_E$ eine Begrenzung für w_{FU} dar; bei $w_{kU} = 0$ bildet desgleichen $r_U = k_E$ eine Begrenzung.

Diese Grenzwerte werden erreicht, wenn F_E unendlich ist.

k_E begrenzt w_{FE} und w_{FU} jedoch nicht nur unter der Voraussetzung, daß $F_E = \infty$.

Aus der Gleichung

$$w_{FE} = k_E - \frac{F_U}{F_E} \cdot w_{FU}$$

ist zu ersehen, daß bei $w_{FE} = k_E$ und bei Erreichung der Grenzgrößen von F_U und F_E das Wachstum $w_{FU} = 0$ wird. Das bedeutet aber, daß sogar dann, wenn die gesamte Produktion der Abteilung E für die Erhöhung der Fonds F_E eingesetzt wird, das Wachstumstempo von F_E nicht größer als k_E sein kann. Das ist aus der Gleichung

$$Y_E = k_E \cdot F_E$$

bzw.

$$k_E = \frac{Y_E}{F_E}$$

ersichtlich.

Aus diesen Überlegungen wird deutlich, daß es verschiedene Möglichkeiten gibt, das Wachstumstempo der Produktionsfonds in Abteilung U zu erhöhen.

Erstens: Es kann ein bestimmtes, konstantes Wachstum der Fonds in Abteilung E angenommen werden. Bei gegebenem

Ausgangsniveau des Verhältnisses $\frac{F_E}{F_U}$ und gegebenem k_E ergibt sich das Anfangstempo des Wachstums w_{FU} aus der Gleichung

$$w_{FU} = k_E - \frac{F_E}{F_U} \cdot w_{FE}.$$

w_{FU} wird ständig wachsen, solange es nicht die Größe w_{FE} erreicht. Im Verlauf des Prozesses zur Erreichung der Gleichheit $w_{FU} = w_{FE}$ wird w_{FE} größer sein als w_{FU}, und die Relation

$$S_F = \frac{F_E}{F_U}$$

wird sich allmählich bis zu ihrer Grenzgröße erhöhen. Diese Grenzgröße ist

$$S_F = \frac{w_{FE}}{k_E - w_{FE}}.$$

Zweitens: Es kann eine bestimmte Größe w'_{FE} bei anfangs gegebenem w_{FE}, das größer als w_{FU} sein soll, angenommen werden. Man kann nun skizzieren, wie und zu welcher Zeit das wachsende w_{FE} das gewünschte Ausmaß erreicht, zu welchem Zeitpunkt w'_{FE} gleich Null wird. In diesem Falle (2) kann man eine höhere Ausgangsgröße für w_{FU} als im vorangegangenen Falle (1) erhalten, allerdings bedarf es auch eines längeren Zeitabschnittes für die Erreichung des angestrebten Zieles.

Die Wirtschaftspolitiker haben zu entscheiden, welche Tempi für das Wachstum w_{FU} und folglich auch für das Wachstum r_U annehmbar und erwünscht sind und welche Ausmaße diese Wachstumstempi erreichen sollen. Die Techniker und Statistiker müssen aufzeigen, welche Effektivitätskoeffizienten in welchen Zeitabständen erreichbar sind. Auf diesen Grundlagen kann dann der Sozialingenieur den Plan zur Entwicklung der Volkswirtschaft projektieren.

In allen unseren Berechnungen ließen wir bislang die Arbeitskräfte unberücksichtigt. Ein begrenztes Wachstum der Arbeitskräfte kann aber bei ungenügend steigender Arbeitsproduktivität eine einschränkende Bedingung bilden. Auf dieses Problem werden wir im nächsten Abschnitt eingehen.

In den bisherigen Untersuchungen war w'_{FU} eine positive Größe, die im Entwicklungsverlauf im Extremfall gegen Null strebte oder gleich Null wurde. Wir hatten es also immer mit *steigenden* Wachstumstempi der Produktionsfonds in Abteilung U zu tun, die im Entwicklungsverlauf zu einem stabilen Wachstum tendierten. Bei konstantem Koeffizienten k_U folgt die Entwicklung des Bevölkerungsverbrauchs der Dynamik der Größe F_U.

Da

$$r_U = w_{kU} + w_{FU},$$

ist bei

$$w_{kU} = \text{const},$$
$$r_U = \text{const} + w_{FU}.$$

Aber $w'_{FU} > 0$ bedeutet bei konstantem k und bei $w'_{FE} > 0$ daß sowohl im Ausgangsstadium als auch bis zum Endpunkt $w_{FE} > w_{FU}$ ist, d. h., daß die produktiven Akkumulationen in relativ größeren Anteilen in Abteilung E als in Abteilung U gelenkt werden.

Es liegt somit der Fall einer sich erhöhenden industriellen („Wachstums"-)Struktur vor, der am Ende zu einer stabilen industriellen („Wachstums"-)Struktur führt.

Es ist aber auch eine solche Verteilung der Akkumulation denkbar, bei der im Ausgangsstadium $w_{FU} > w_{FE}$ ist. Es läge in diesem Falle eine allmähliche Degradation der Struktur der Produktionsfonds vor.

Bei konstantem k_E würde das bedeuten (vgl. Gleichung (1), S. 65), daß

$$w_{FE} - w_{FU} < 0$$

und

$$w'_{FU} + \frac{F_E}{F_U} \cdot \frac{w_{FE}}{w_{FU}} \cdot w'_{FE} < 0.$$

Das tritt ein:

Erstens: bei

$$w'_{FU} < 0 \quad \text{und} \quad w'_{FE} < 0,$$

d. h., wenn die Wachstumstempi der Fonds in beiden Abteilungen (sowohl in E als auch in U) sinken. In Abhängigkeit davon, ob nun w_{FU} schneller oder langsamer sinkt als w_{FE}, kommt es entweder zu einer Annäherung an das Stadium, wo $w_{FU} = w_{FE}$ wird, so daß die Degradation der industriellen Struktur der Produktionsfonds bei verringerten

Wachstumstempi von F_U und F_E zum Stillstand kommt, oder es vergrößert sich umgekehrt die Entfernung von diesem Gleichgewichtszustand. Im zweiten Falle tritt ein unaufhörlicher Prozeß der allmählichen Degradation der Produktionsfonds ein. Das würde bedeuten, daß das gewählte Wachstumstempo von F_U für das gegebene Land untragbar ist.

Zweitens:

$$\text{Bei} \quad w'_{FU} > 0 \quad \text{und} \quad w'_{FE} < 0.$$

Dann ist

$$w'_{FU} + \frac{F_E}{F_U} \cdot \frac{w_{FE}}{w_{FU}} \cdot w'_{FE} < 0$$

nur dann möglich, wenn

$$\left| \frac{F_E}{F_U} \cdot \frac{w_{FE}}{w_{FU}} \cdot w'_{FE} \right| > | w'_{FU} |$$

und

$$| F_E \cdot w_{FE} \cdot w'_{FE} | > | F_U \cdot w_{FU} \cdot w'_{FU} | .$$

Da F_E unter unseren Bedingungen und wahrscheinlich auch in anderen Ländern kleiner als F_U (und w_{FE} entsprechend den gemachten Voraussetzungen kleiner als w_{FU}) ist, ist $|w'_{FE}|$ um ein Vielfaches größer als $|w'_{FU}|$. Dies führt zu einem schnellen Sinken des Wachstums von F_E, und zwar solange, bis w_{FE} eine negative Größe wird und das Wachstum von F_U nur noch durch die Reduzierung der Größe F_E gewährleistet wird. In diesem Falle findet eine schnelle Degradation der industriellen Struktur der Produktionsfonds statt, und es wird ein Zustand erreicht, bei dem sowohl $w_{FU} = 0$ als auch $F_E = 0$ ist.

Drittens:

$$\text{Bei} \quad w'_{FU} < 0 \quad \text{und} \quad w'_{FE} > 0.$$

Dann ist

$$w'_{FU} + \frac{F_E}{F_U} \cdot \frac{w_{FE}}{w_{FU}} \cdot w'_{FE} < 0$$

und

$$| F_E \cdot w_{FE} \cdot w'_{FE} | < | F_U \cdot w_{FU} \cdot w'_{FU} | .$$

Es ist unschwer zu beweisen, daß in diesem Falle die allmähliche Degradation der industriellen („Wachstums"-) Struktur der Produktionsfonds zum Stillstand kommt.

w_{FE} steigt, während w_{FU} absinkt. Am Grenzpunkt ist $w_{FU} = w_{FE}$ und das Gleichgewicht wird auf einer niedrigeren Stufe (bei vermindertem Wachstum w_{FU}) auf stabiler Basis der industriellen Struktur des Produktionsfonds wieder hergestellt.

Eine Veränderung der Koeffizienten k_U und k_E kann die Wechselbeziehungen zwischen den Produktionsfonds von Grund auf ändern. Das wird deutlich aus der Gleichung

$$S_F = \frac{k_U}{k_E} \cdot S_Y \quad \text{oder} \quad \frac{k_E}{k_U} \cdot S_F = S_Y.$$

Wie ersichtlich, verändert sich bei gegebener Struktur der Fonds bei wachsendem k_E das Verhältnis zwischen Akkumulation und Konsumtion zugunsten ersterer, was zu einer Erhöhung der Produktionsstruktur führen würde. Vorstellbar ist ein steigendes S_Y bei sinkendem S_F. Andererseits kann bei wachsendem k_U die Produktionsstruktur nur bei Erhöhung von S_F oder k_E aufrechterhalten werden. Das bedeutet absolut nicht, daß eine Erhöhung des Koeffizienten k_U zu einer Verminderung von Y_U führt, aber bei wachsendem Y_U, hervorgerufen durch ein steigendes k_E, ist eine weitere Erhöhung der Wachstumsrate r_U oder ihre Stabilisierung auf dem neuen Niveau unmöglich ohne eine Steigerung des Koeffizienten k_E oder des Verhältnisses S_F.
Dieser Fall kann in unserer Entwicklung recht bald eintreten, wenn wir uns nicht rechtzeitig um eine Erhöhung der Größe S_F bemühen, solange sich noch r_U wegen des schnellen Wachstums von k_U und k_E auf einem hohen Niveau bewegt.
Der Zustand einer Volkswirtschaft, der gekennzeichnet ist durch

$$w_{FU} = w_{FE} = \frac{k_E}{1 + \frac{F_U}{F_E}} = \text{const.},$$

verdient besondere Aufmerksamkeit. Aus der vorangegangenen Analyse wissen wir, daß jede Entwicklung der Volkswirtschaft am Ende zu diesem Zustand führt. Dieser Zustand ist der einzige Zustand eines dynamischen Gleichgewichts, der ewig währen kann, der keinerlei Widersprüche und Grenzbedingungen hervorruft. Wir bezeichnen ihn deshalb als den „Zustand des stabilen und harmonischen oder proportionalen dynamischen Gleichgewichts der Volkswirtschaft". Vereinfacht nennen wir ihn den Zustand der „harmonischen Entwicklung".

Bei voller Auslastung der Fonds F_U und F_E auf dem gegebenen technischen Niveau wird k_E eine maximale und konstante Bedeutung haben.

Der Zustand des harmonischen Gleichgewichts wird nur verlassen entweder durch irgendwelche technischen Entdeckungen, die zu einem steigenden k_E führen, oder durch eine Erhöhung von w_{FE} bei sinkendem w_{FU}.

Letzteres ist nicht durchführbar, ohne daß das Wachstum von F_U gesenkt (und zeitweilig sogar gestoppt) und das Wachstum der Befriedigung der Bevölkerung mit Konsumtionsmitteln angehalten wird. Es ist daher ziemlich schwer, bei voller Auslastung der Fonds und ohne größere oder kleinere Spannungen auf dem Markt auf ein höheres industrielles Niveau bei wachsender Bevölkerung und zunehmender Konsumtion überzugehen.

Um so größere Bedeutung erlangt daher die Aufgabe, die Effektivität der Fonds, den Koeffizienten k, zu erhöhen.

Ausgehend von den hergeleiteten Formeln könnte man die Krisen in der kapitalistischen Wirtschaft als den dialektischen Übergang zum Zustand eines „harmonischen Gleichgewichts", der von der kapitalistischen Wirtschaft ständig verlassen wird, auffassen. Es ist uns nicht möglich, hier auf dieses spezielle Problem näher einzugehen. Aber wir möchten doch die Aufmerksamkeit auf den Umstand lenken, daß der Koeffizient k in den Vereinigten Staaten von Amerika und wahrscheinlich auch in anderen kapitalistischen Ländern eine sinkende Tendenz aufweist. Das müßte zu einem sinkenden Wachstum führen, wenn es nicht kompensiert wird durch eine Erhöhung des Verhältnisses $\frac{F_E}{F_U}$.

Das „harmonische Gleichgewicht" müßte demnach gegenwärtig zu einem Sinken der Wachstumstempi in der kapitalistischen Wirtschaft führen.

5.

Die Bedingungen der „harmonischen Entwicklung“ ($w_{FU} = w_{FE}$, $s_F =$ const.)

Bei konstantem k_E (Gleichung (1), S. 65) und $w_{FU} = w_{FE}$ ist

$$w_{FE} - w_{FU} = w'_{FU} + \frac{F_E}{F_U} \cdot \frac{w_{FE}}{w_{FU}} \cdot w'_{FE} = 0$$

und

$$w'_{FU} = -\frac{F_E}{F_U} \cdot \frac{w_{FE}}{w_{FU}} \cdot w'_{FE} = -\frac{F_E}{F_U} \cdot w'_{FE} .$$

Da F_E und F_U ihrer Natur nach positive Größen sind, macht die gegebene Bedingung deutlich, daß unter der Voraussetzung einer harmonischen Entwicklung bei $k_E =$ const. ein gleichzeitiges Wachstum der Größen w_{FU} und w_{FE} unmöglich ist.

Das ist u. a. aus der Grundgleichung des Verhältnisses von w_{FU} und w_{FE} zu ersehen:

$$w_{FE} = k_E - \frac{F_U}{F_E} \cdot w_{FU} .$$

Ein gleichzeitiges Wachsen sowohl von w_{FU} als auch von w_{FE} ist bei konstantem k_E und $\frac{F_U}{F_E}$ nicht realisierbar.

Bei konstantem Verhältnis von $\frac{F_U}{F_E}$ ist ein gleichzeitiges Wachstum der Parameter w_{FE} und w_{FU} möglich, wenn k_E entsprechend wächst.

Unter der Voraussetzung, daß

$$w_{FE} = w_{FU} = \text{const.}$$

und

$$k_E = \text{const.}$$

ist

$$w_{FE} = w_{FU} = \frac{k_E}{1 + \frac{1}{s_F}} .$$

Diese Bedingung ist im 3. Abschnitt von uns behandelt worden.
Wir erweitern den Begriff der harmonischen Entwicklung in dem Sinne, daß als einzige Bedingung nur $S_F = \text{const}$ bei veränderlicher Bedeutung von k_E aufrechterhalten bleibt.
Dann ist:

$$\frac{F_E}{F_U} = S_F = \text{const.}$$

$$F_E = S_F \cdot F_U,$$

$$F_E \cdot w_{FE} = S_F \cdot F_U \cdot w_{FU},$$

$$\frac{dF_E}{dt} = S_F \cdot \frac{dF_U}{dt},$$

und

$$w_{FE} = w_{FU}.$$

Ebenso wird bewiesen, daß $w'_{FE} = w'_{FU}$ ist.
Gleichung (2) (S. 65) nimmt dann folgende Form an (anstelle von w_{FE} und w'_{FE} setzen wir w_{FU} und w'_{FU}):

$$k_E - (w_{FU} + w'_{FU}) + \frac{k_E \cdot w_{kE}}{w_{FE}} = \frac{1}{S_F} \cdot (w_{FU} + w'_{FU}),$$

$$(w_{FU} + w'_{FU} \cdot \left(1 + \frac{1}{S_F}\right) = k_E \left(1 + \frac{w_{kE}}{w_{FE}}\right)$$

$$w_{FU} + w'_{FU} = \frac{k_E (1 + w_{kE})}{1 + \frac{1}{S_F}} = w_{FE} + w'_{FE}.$$

Im Ausgangsmoment ist

$$w'_{FU} = w'_{FE} = w_{kE} = 0.$$

Dann ist:

$$w_{FE_0} = w_{FU_0} = \frac{k_{E_0}}{1 + \frac{1}{S_F}}.$$

6.

Disharmonische Entwicklung bei konstantem Wachstum ($w_{FU} =$ const.; $w_{FE} =$ const.; $w_{FE} \neq w_{FU}$)

Wir gehen erneut aus von der Grundgleichung:

$$w_{FE} = k_E - \frac{F_U}{F_E} \cdot w_{FU} \tag{1}$$

$$\frac{dw_{FU}}{dt} = \frac{dw_{FE}}{dt} = 0$$

Aus der Grundgleichung erhalten wir, wenn wir die Ableitung nach t vornehmen und sie gleich 0 setzen:

$$w_{FU} \cdot \frac{F_E dF_U - F_U dF_E}{F_E^2\, dt} = \frac{dk_E}{dt}.$$

Daraus folgt:

$$w_{FE} = w_{FU} - \frac{k_E \cdot w_{kE}}{w_{FE}} \cdot \frac{F_E}{F_U} \tag{2}$$

Aus den Gleichungen (1) und (2) erhalten wir:

$$w_{FU} - \frac{k_E\, w_{kE}}{w_{FU}} \cdot \frac{F_E}{F_U} = k_E - \frac{F_U}{F_E} \cdot w_{FU}$$

und schließlich:

$$w_{FU}^2 \left(1 + \frac{1}{S_F}\right) - w_{FU} \cdot k_E - S_F \cdot w_{kE} \cdot k_E = 0.$$

Daraus folgt:

$$w_{FU} = \frac{k_E + \sqrt{k_E^2 + 4\,(S_F + 1)\,k_E \cdot w_{kE}}}{2\left(1 + \frac{1}{S_F}\right)} = r_U - w_{kU}. \tag{3}$$

Und da

$$S_F = \frac{k_U}{k_E} \cdot S_Y,$$

ergibt sich:

$$w_{FU} = \frac{k_E + \sqrt{k_E^2 + 4\left(\frac{k_U}{k_E} S_Y + 1\right) w_{kE}\, k_E}}{2\left(1 + \frac{k_E}{k_U\, S_Y}\right)} = r_U - w_{kU}\,.$$

Obwohl für diese Formeln einige einschränkende Bedingungen gesetzt sind, und zwar, daß alle Wachstumstempi konstant sein sollen (man darf annehmen, daß die Wachstumstempi in kurzen Zeitabschnitten konstant sind), geben sie doch einen ziemlich vollständigen Einblick in den komplizierten Prozeß der erweiterten Reproduktion. Diese Formeln bestätigen erneut, daß es im Sinne einer schnellen und effektiven Wirkung für die Erhöhung der Wachstumsrate r_U in erster Linie zweckmäßig ist, k_U und w_{kU} zu steigern, dann – an zweiter Stelle – k_E und w_{kE} zu erhöhen und schließlich – drittens – die Verhältnisse S_F und S_Y wachsen zu lassen. Letzteres hat immer einen Effekt, selbst dann, wenn w_{kU} und w_{kE} gleich Null werden.
Die Abhängigkeit der Wachstumsrate r_U von S_F bei konstanten w_{kU} und w_{kE} ist in Abb. 7 dargestellt worden.
Bei $r_U = \text{const.}$ ist:

$$Y_U = Y_{U_0} \cdot e^{rt}, \qquad (5)$$

wobei Y_{U_0} die Gesamtkonsumtion der Bevölkerung im Ausgangsmoment darstellt. Die Kombination der Gleichung (5) mit den Gleichungen (3) und (4) ergibt das Wachstumsgesetz der Konsumtion der Bevölkerung bei konstantem Wachstum aller variablen Größen.
Man muß die Aufmerksamkeit darauf richten, daß sich S_F bei konstanten und ungleichen Wachstumstempi (w_{FE} bzw. w_{FU} – d. Ü.) ständig verändert.
Wenn wir nun $w'_{FE} = 0$ setzen würden, dann würde w_{FU} bei veränderlichen k_E, S_F und w_{kE} durch folgende Differentialgleichung beschrieben werden:

$$w_{FU}^2\left(1 + \frac{1}{S_F}\right) - k_E \cdot w_{FU} + \frac{dw_{FU}}{dt} - S_F \cdot k_E \cdot w_{kE} = 0.$$

7.

Die Wachstumsraten der Konsumtion der Bevölkerung. Die Verteilung des Einkommens zwischen den verschiedenen Bevölkerungsgruppen, Arbeitslohn und Arbeitsproduktivität

Bislang betrachteten wir den Produktionsprozeß unabhängig von der Entwicklung der Arbeitskräfte, der Arbeitsproduktivität und der Verteilung des Nationaleinkommens. Dadurch aber, daß ein Teil der Konsumtionsmittel für die Versorgung von Personen, die nicht in der materiellen Produktion tätig sind, bereitgestellt wird und daß zugleich das Lohnniveau der Arbeiter erhalten und erhöht werden muß, werden neue zusätzliche Bedingungen für die Entwicklung des Reproduktionsprozesses geschaffen.

Wir bezeichnen mit $Y_{U\varphi}$ den Teil der Konsumtionsmittel, der auf die Werktätigen, die produktive Arbeit leisten, verteilt wird, und mit Y_{Um} jenen Teil der Konsumtionsmittel, der auf die gesamte übrige Bevölkerung entfällt.

Dann ist:

$$Y_U = Y_{U\varphi} + Y_{Um}$$

oder

$$Y_{U\varphi} = \varphi_U \cdot Y_U$$

und

$$Y_U = \frac{Y_{U\varphi}}{\varphi_U}, \qquad (1)$$

wobei φ_U ein nicht näher bestimmter Koeffizient ist.

Wenn wir die Anzahl der mit produktiver Arbeit Beschäftigten mit dem Symbol B, die Arbeitsproduktivität mit a und den realen Arbeitslohn je Beschäftigten mit $y_{U\varphi}$ bezeichnen, dann erhalten wir die folgenden Gleichungen:

$$B = \frac{Y_{U\varphi}}{y_{U\varphi}} = \frac{k \cdot F}{a}$$

und

$$\frac{Y_{U\varphi}}{k \cdot F} = \frac{y_{U\varphi}}{a} = \varphi_a, \qquad (2)$$

wobei φ_a ein nicht näher bestimmter Koeffizient ist.

Aus den Gleichungen (1) und (2) sowie aus den vorangegangenen Gleichungen erhalten wir:

$$Y_U = \frac{v_a}{v_U}(k_U F_U + k_E F_E) = \frac{v_a}{v_U}(Y_U + Y_E).$$

Daraus folgt:

$$Y_U\left(1 - \frac{v_a}{v_U}\right) = \frac{v_a}{v_U} \cdot Y_E;$$

$$\frac{Y_E}{Y_U} = \frac{v_U}{v_a} - 1;$$

$$\frac{F_E}{F_U} = \frac{k_U}{k_E}\left(\frac{v_U}{v_a} - 1\right).$$

Untersuchen wir nunmehr, wie die Effektivität der Fonds (k) von der Arbeitsproduktivität (a) abhängt.

Das Gesamtvolumen des neu produzierten Produkts wird durch die Formel $k \cdot F$ bestimmt.

Mit dem Symbol a bezeichneten wir die Produktion je Beschäftigten und mit B_v die Anzahl der in der Produktion Beschäftigten.

Wir erhalten:

$$k \cdot F = B \cdot a$$

und

$$k = \frac{B \cdot a}{F},$$

insbesondere

$$k_U = \frac{B_U \cdot a_U}{F_U}$$

und

$$k_E = \frac{B_E \cdot a_E}{F_E}$$

oder

$$k_E = \frac{a_E}{\frac{F_E}{B_E}} = \frac{a_E}{FA_E},$$

$$k_U = \frac{a_U}{\frac{F_U}{B_U}} = \frac{a_U}{FA_U},$$

$$k = \frac{a}{\frac{F}{B}} = \frac{a}{FA}.$$

FA bedeutet die Fondsausstattung je Arbeitskraft in der materiellen Produktion.

Die Effektivität der Produktionsfonds wird somit bestimmt als Verhältnis zwischen Arbeitsproduktivität und Fondsausstattung der Arbeit.

Im Endergebnis wird die Wachstumsrate

$$w_{FU} = (r_U - w_{kU})$$

als Funktion der Nationaleinkommensverteilung, der Arbeitsproduktivität und der Fondsausstattung je Arbeitskraft durch die folgenden Gleichungen bestimmt:

$$r_U - w_{kU} = w_{FU} = \frac{k_E + \sqrt{k_E^2 + 4(S_F + 1)\,k_E\,w_{kE}}}{2\left(1 + \frac{1}{S_F}\right)}$$

$$= \frac{\frac{a_E}{FA_E} + \sqrt{\left(\frac{a_E}{FA_E}\right)^2 + 4\left[\frac{k_U}{k_E}\left(\frac{v_U}{v_a} - 1\right) + 1\right] \cdot \frac{d\left(\frac{a_E}{FA_E}\right)}{dt}}}{2\left[1 + \frac{1}{\frac{k_U}{k_E}\left(\frac{v_U}{v_a} - 1\right)}\right]}$$

$$= \frac{\frac{a_E}{FA_E} + \sqrt{\left(\frac{a_E}{FA_E}\right)^2 + 4\left(\frac{k_U}{k_E} \cdot \frac{Y_E}{Y_U} + 1\right) \cdot \frac{\left(d\,\frac{a_E}{FA_E}\right)}{dt}}}{2\left(1 + \frac{1}{\frac{k_U}{k_E} \cdot \frac{Y_E}{Y_U}}\right)}.$$

Aus diesen Formeln ergeben sich die folgenden Schlußfolgerungen:

1. Die Erhöhung der Wachstumsrate der Konsumtion der Bevölkerung hängt nicht einfach von der Steigerung der Arbeitsproduktivität ab, sondern ist eine Funktion der Wechselwirkung zwischen Arbeitsproduktivität und Fondsausstattung der Arbeit;
2. die Wachstumsrate der Konsumtion der Bevölkerung steigt, wenn der Anteil der Konsumtion am Nationaleinkommen sinkt und der Akkumulationsanteil wächst;
3. die Formeln zeigen die exakten mathematischen Beziehungen auf, die zwischen den genannten Elementen bestehen.

Mit diesen Formeln haben wir den Kreis geschlossen; wir ermittelten die Beziehungen der Wachstumsraten der Konsumtion der Bevölkerung und der Konsumtion selbst als Funktion der Arbeitsproduktivität, des Reallohns und der Verteilung des Nationaleinkommens zwischen den Beschäftigten im materiellen Bereich der Produktion und der übrigen Bevölkerung.

Je höher der Arbeitslohn im Verhältnis zur Arbeitsproduktivität (v_a) und je niedriger der Anteil der Arbeiter bei gegebenem Arbeitslohn an der Gesamtkonsumtion (v_U), desto geringer sind die Wachstumsraten des Nationaleinkommens. Man muß allerdings vor vereinfachten Schlüssen aus diesen Thesen warnen.

Sowohl die Arbeitsproduktivität (a) als auch die Effektivität der Produktionsfonds (k) hängen nämlich in sehr hohem Maße von der wissenschaftlichen, ideologisch-erzieherischen und regulierenden Tätigkeit des Leitungssystems des Landes ab, und eine Verminderung von Y_{Um} kann außerordentlich scharfe Widersprüche hervorrufen, weil ein Mangel an qualifizierten Fachkräften im Lande besteht und weil die Rechnungs-, Regulierungs- und Planungsfunktionen des Staates noch schwach entwickelt sind.

Nur auf Grundlage des Studiums der Erfahrungen in den Industrieländern und unserer eigenen Erfahrungen kann die richtige Größe des Parameters v_U bestimmt werden. Es versteht sich auch von selbst, daß der Umfang des erforderlichen Aufwands für die Verteidigungsbereitschaft des Landes nicht mathematisch bestimmt werden kann.

Die gesamte Analyse ist bisher unter der Voraussetzung durchgeführt worden, daß Arbeitskräfte im Überfluß vorhanden sind (diese Voraussetzung wird auch im weiteren Verlauf der Analyse aufrechterhalten werden). Wir nehmen an, daß bei der im Lande noch bestehenden Arbeitslosigkeit und der beständigen strukturbedingten agrarischen Übervölkerung sowie unter Berücksichtigung dessen, daß gegenwärtig in der Sowjetunion Millionen Arbeitskräfte außer über Schaufeln und Fausthandschuhen über keine anderen Produktionsinstrumente verfügen, daß also unter diesen Bedingungen nicht die Arbeitskräfte den begrenzenden Faktor bilden, sondern die Produktionsfonds in ihrem materiellen Gehalt. Das Wachstum der Akkumulation von Produktionsfonds und der Nutzeffekt der Investitionen bestimmen unter diesen Bedingungen die Wachstumsraten des Nationaleinkommens.

Auch die qualifizierte Arbeit stellt keine Begrenzung dar, denn die moderne, arbeitsteilig gegliederte Produktion bietet vielfältige Möglichkeiten, um die aus der bäuerlichen Landwirtschaft zugewanderten Arbeitskräfte schnell den Produktionsbedingungen anzupassen. Die Ausbildung von qualifizierten Arbeitskräften stellt im Vergleich zu den materiellen Grundinvestitionen kein Problem dar.

Untersuchen wir ungeachtet dessen die Bedingungen, unter denen auch die gegebenen Arbeitskräfte einen begrenzenden Faktor darstellen würden.

In allgemeiner Form gilt:

$$Y = k \cdot F \tag{1}$$

$$Y = a \cdot B, \tag{2}$$

wobei a die Arbeitsproduktivität und B die Anzahl der Beschäftigten in der Produktion sind.

Es ist dann:

$$r = w_k + w_F \tag{1}$$

$$r = w_a + w_B. \tag{2}$$

Wenn

$$w_a + w_B > w_k + w_F,$$

dann gilt für das Wachstum des Nationaleinkommens folgende Begrenzung:

$$r = w_k + w_F. \tag{1a}$$

Wenn

$$w_a + w_B < w_k + w_F,$$

dann ist das Wachstum des Nationaleinkommens durch die Gleichung bestimmt:

$$r = w_a + w_B. \tag{2a}$$

Im letzteren Falle gilt dasselbe System von Grundgleichungen für die Bestimmung der Raten, aber es kommen noch zwei Gleichungen hinzu:

$$Y_U = a_U \cdot B_U$$

und

$$Y_E = a_E \cdot B_E,$$

die nicht von den vorhergehenden abhängig sind.
Die Bestimmung des Wachstums von B_U und B_E macht keine besondere Mühe. Prognosen über das Wachstum der Bevölkerung und seiner Zusammensetzung sind von sowjetischen Ökonomen schon mehrfach ausgearbeitet worden. Schwieriger ist es in dieser Hinsicht bezüglich der Arbeitsproduktivität. Da vor uns die Aufgabe steht, den Übergang von einer weit zurückgebliebenen Technik zu einer hohen technischen Organisation nach dem Vorbild der Industrieländer auf der Grundlage einer umfassenden Rekonstruktion der Ökonomik zu vollziehen, kann sowohl a als auch B für die nächsten Jahre, vielleicht auch für die nächsten 20 Jahre, bestimmt werden.
Wenn dann aber die Planwirtschaft den Welthöchststand in der Technik bestimmt und Vollbeschäftigung erreicht ist, dann wird die Prognostik der technischen Entwicklung zur aktuellen Aufgabe, und die Prognosen über die technische Rekonstruktion werden den Kern der gesamten Planungstätigkeit bilden.
Schließlich sei noch die Abhängigkeit der Wachstumsrate r_U vom Wachstum der Konsumtion durch Erhöhung der Anzahl der Beschäftigten und des Arbeitslohns bei Ausdehnung des Produktionsfeldes dargestellt, was unweigerlich eintritt, wenn sich die Arbeitslosen mit einem niedrigeren Verpflegungssatz als die beschäftigten Arbeitskräfte begnügen müssen:

$$Y_U = B \cdot y_{U\varphi},$$

wobei $y_{U\varphi}$ – wie auch vorher – den durchschnittlichen Reallohn eines Beschäftigten in der materiellen Produktion darstellt.
Es ist dann:

$$\varphi_U = \frac{Y_{U\varphi}}{Y_U} = \frac{B \cdot y_{U\varphi}}{Y_U} = \frac{B \cdot y_{U\varphi}}{Y_{U\varphi} + Y_{Um}},$$

während:

$$\varphi_a = \frac{y_{U\varphi}}{a}.$$

Es folgt:

$$\frac{v_U}{v_a} = \frac{B \cdot a}{Y_{Uv} + Y_{Um}} = \frac{B \cdot a}{B \cdot y_{Uv} + Y_{Um}}$$

und:

$$r_U - w_{kU}$$

$$= \frac{\frac{a_E}{FA_E} + \sqrt{\left(\frac{a_E}{FA_E}\right)^2 + 4\left[\frac{k_U}{k_E}\left(\frac{B \cdot a}{B \cdot y_{Uv} + Y_{Um}} - 1\right) + 1\right] \cdot \frac{d\left(\frac{a_E}{FA_E}\right)}{dt}}}{2\left[1 + \frac{1}{\frac{k_U}{k_E}\left(\frac{B \cdot a}{B \cdot y_{Uv} + Y_{Um}} - 1\right)}\right]}.$$

Diese Formel bringt die Abhängigkeit der Wachstumsrate r_U von der Arbeitsproduktivität, dem Arbeitslohn, der Anzahl der Beschäftigten in der Produktion und von der Konsumtion der nicht produktiv tätigen Bevölkerung zum Ausdruck.

8.

Die Abschreibungen für den moralischen Verschleiß und die Wachstumsraten

Im zweiten Abschnitt hatten wir die Wechselbeziehungen zwischen den volkswirtschaftlichen Elementen in Abhängigkeit vom Ersatz der Maschinen und Anlagen bei konstantem Produktionsumfang für Konsumtionsmittel untersucht. Nunmehr soll die Abhängigkeit der Wachstums*rate* der Konsumtion von den Abschreibungen für moralischen Verschleiß verfolgt werden. *Als einschränkende Bedingungen werden erneut konstante Wachstumsraten und konstante Abschreibungen für den moralischen Verschleiß gesetzt.*
Es gilt:

$$F_E + F_U = F.$$

Wenn die Amortisationen für moralischen Verschleiß in der Zeiteinheit den b-ten Teil von F darstellen, dann muß die Produktion der Abteilung E in diesem Zeitabschnitt Güter in Höhe von $b \cdot F$ für den Ersatz der moralisch veralteten Fonds bereitstellen.
Es ist dann:

$$Y_E = k_E F_E = b \cdot F + \Delta F = b \cdot F + \frac{dF}{dt},$$

$$Y_E = \frac{dF_U}{dt} + \frac{dF_E}{dt} + b \cdot F = w_{FU} F_E + w_{FE} F_E + b \cdot F,$$

$$k_E F_E = w_{FU} F_U + w_{FE} F_E + b \cdot F,$$

$$w_{FE} = k_E - \frac{b \cdot F}{F_E} - \frac{F_U}{F_E} \cdot w_{FU}.$$

Wenn die erste Ableitung von w_{FE} gleich Null gesetzt wird, dann folgt hieraus:

$$w_{FU}\,(F_U \cdot w_{FU} - F_U \cdot w_{FE}) + b\,(F \cdot w_F - F w_{FE})$$
$$= F_E \cdot k_E \cdot w_{kE}.$$

Wenn wir berücksichtigen, daß

$$F \cdot w_F = F_U \cdot w_{FU} + F_E \cdot w_{FE}$$

ist, dann folgt für $w_{FU} + b$

$$(w_{FU} + b)^2 \left(1 + \frac{1}{S_F}\right) - k_E(w_{FU} + b) - S_F\, k_E\, w_{kE} = 0,$$

hieraus:

$$r_U = w_{kU} + \frac{k_E + \sqrt{k_E^2 + 4\,(S_F + 1)\, k_E\, w_{kE}}}{2\left(1 + \frac{1}{S_F}\right)} - b.$$

Die Amortisation für moralischen Verschleiß führt somit unmittelbar zu einer Senkung der Wachstumsrate des Realeinkommens der Bevölkerung, wenn sie nicht durch ein Wachstum von w_{kU} und w_{kE} kompensiert wird.
Die Abhängigkeit der Wachstumsraten w_{kU} und w_{kE} von der Effektivität der Fonds je Beschäftigten in der Produktion ist von uns im vorangegangenen Abschnitt aufgedeckt worden; hier ist erforderlich, näher auf die *Struktur* der Produktionsfonds einzugehen.
Wir sehen, daß

$$k = \frac{a}{FA}.$$

Für die Erhöhung von k ist erforderlich, daß a schneller wächst als FA. FA setzt sich aus der Grundfondsausstattung (FA_G) und der Ausstattung mit materiellen Umlauffonds (FA_Z) zusammen. Es ist denkbar, daß sich die Arbeitsproduktivität a proportional mit der Grundfondsausstattung der Arbeit (FA_G) entwickelt. Dann ist eine Erhöhung des Verhältnisses $\frac{a}{FA}$ möglich, wenn sich der Umschlag der materiellen Produktions-Umlauffonds erhöht, so daß das Wachstum von FA_Z hinter dem Wachstum von a zurück bleibt.
Die Beschleunigung des Arbeitsprozesses kann sich auch auf eine relative Verminderung der Größe FA_G bei gegebener Kapazität niederschlagen. Als typisches Beispiel hierfür kann der Übergang von einer langsam laufenden Dampfmaschine zur Hochgeschwindigkeits-Dampfturbine dienen.
In umgekehrter Richtung wirkt die Verteuerung der Maschinen durch den höheren Kompliziertheitsgrad bei zunehmender Automatisierung der Produktion.

Es gibt zwei entgegengesetzte, aber gleichermaßen falsche Auffassungen zu den eben dargelegten Problemen.

Die einen meinen, daß die technische Vervollkommnung der Produktion und die Steigerung der Arbeitsproduktivität unweigerlich von einer Erhöhung der Effektivität der Produktionsfonds resp. des Kapitals begleitet sei. Wir sahen, daß das Problem nicht durch eine Steigerung von a, sondern durch die Erhöhung von $\frac{a}{FA}$ gelöst wird, was bei weitem nicht das gleiche ist. Unter den Bedingungen der kapitalistischen Wirtschaft sorgen sich die Unternehmer nicht um eine Erhöhung des Verhältnisses $\frac{a}{FA}$, sondern um die Steigerung des Profits. Der Profit kann aber auch dann wachsen, wenn bei steigender Arbeitsproduktivität der Wert der Arbeitskraft je Erzeugniseinheit sinkt (bei konstantem Arbeitslohn), ohne daß sich das Verhältnis des konstanten Kapitals zum Wert des Erzeugnisses reduziert. Der Mehrwert erhöht sich, weil sich das variable Kapital vermindert. Man darf nicht vergessen, *daß die Effektivität der Produktionsfonds resp. des Kapitals bei gleicher Stundenzahl der Fondsauslastung, der Intensität und Qualifikation der Arbeit und bei konstanten Preisen einen technischen Koeffizienten, nicht aber eine rein ökonomische Kategorie darstellt*, und daß sie sich nicht *nur* im Ergebnis einer Veränderung der Zusammensetzung der Produktionsfonds ändert.

Unsere Einstellung sollte eine andere als die des Unternehmers in der kapitalistischen Wirtschaft sein. Im Interesse einer maximalen und schnellstmöglichen Ausweitung der Produktion sollten wir uns nicht nur um die Steigerung der Arbeitsproduktivität und des Gewinns bemühen, sondern auch um eine höhere Effektivität der Produktionsfonds.

Der andere Irrtum besteht in der Annahme, daß die steigende organische Zusammensetzung des Kapitals unvermeidlich zu einer Senkung seiner Effektivität führen müsse. Das ist aber nur richtig, wenn die Preise sinken sowie unter der Voraussetzung, daß den technischen Faktoren, die in Richtung einer steigenden Effektivität des Kapitals wirken, keine Senkung des Werts der Arbeitskraft und des Mehrwerts je Erzeugniseinheit gegenüberstehen würde.

Wir möchten wiederholen: Die Effektivität des Kapitals, die nach unserer Bestimmung die Prozesse unter Annahme konstanter Preise widerspiegelt, stellt in erster Linie einen technischen Koeffizienten dar, dessen Wachstum nicht unmittelbar durch die Gesetze der kapitalistischen Entwicklung bedingt ist. Erst unter unseren Bedingungen sollte er eine außerordentliche große Bedeutung erlangen. Die sozialistische Wirtschaft schafft die Voraussetzungen für sein Wachstum.

Diese Voraussetzungen verstehen sich jedoch nicht von selbst und entstehen nicht spontan.

Wir wuchsen mit der Vorstellung von der absoluten Bedeutung des Profits auf, denn alle technischen Prozesse sind in der kapitalistischen Wirtschaft durch das Gesetz der Profitmaximierung bedingt. Wenn wir von den entwickelten kapitalistischen Ländern ihre moderne Technik übernehmen, dann laufen wir *ohne Analyse und Anwendung des von uns genannten Kriteriums* Gefahr, bei weitem nicht alles für die Erhöhung der Wachstumsraten zu unternehmen, was wir tun könnten, wenn wir richtig an dieses Problem herangehen. Eine besondere Gefahr stellen in dieser Hinsicht die Amortisationen für den moralischen Verschleiß dar, wenn sie nicht durch eine entsprechende Erhöhung der Effektivität der Fonds begründet sind.

Das heißt allerdings nicht, daß die kapitalistische Wirtschaft die Probleme der Massenproduktion, der Erhöhung der Effektivität des Kapitals und der Beschleunigung der Arbeitsprozesse nicht ebenfalls löst. Aber nur unter den Bedingungen unserer sozialistischen Wirtschaft, mit ihrem regulierten und unbegrenzten Verbrauchermarkt, werden sie entscheidende Bedeutung erlangen.

9.

Die Wachstumsraten unter den Bedingungen freier Welthandelsbeziehungen

Insofern, als sich die Produktionsfonds aus einem konstanten und einem variablen Teil zusammensetzen und die Aufrechterhaltung des jeweils gegebenen Niveaus der Produktion von Konsumtionsmitteln ohne die ständige Erneuerung der Arbeitsmittel und übrigen Produktionsmittel unmöglich wäre, ist die Zusammensetzung der Produktion in den Abteilungen *E* und *U* ziemlich gleichartig. Aber die quantitativen und qualitativen Verhältnisse zwischen den Produktionsmitteln und Konsumtionsmitteln sind in den beiden Abteilungen sehr unterschiedlich. In der Abteilung *E* überwiegen in hohem Maße die Produktionsinstrumente und Produktionsmittel, während sie in der Abteilung *U* ein geringes Gewicht haben.

Daraus ergeben sich Unterschiede in der technischen und materiellen Struktur der Produktionsfonds in den beiden Abteilungen.

Unter den Bedingungen einer geschlossenen Wirtschaft determiniert daher die Struktur des gesamten Produktionsapparates F in hohem Maße die Relationen

$$S_F = \frac{F_E}{F_U} \quad \text{und} \quad S_Y = \frac{Y_E}{Y_U}.$$

Etwas anders gestalten sich die Verhältnisse bei offenen Außenwirtschaftsbeziehungen.

Durch den Austausch eines beliebigen Teils von Y_U kann auf den Außenmärkten auf der Basis von Weltmarktpreisen eine äquivalente Warenmenge Y_E erworben werden (natürlich soweit dies nicht durch die Aufnahmefähigkeit der Außenmärkte und durch die Konkurrenzbedingungen gestört wird).

Das Verhältnis $\frac{F_E}{F_U}$ kann in diesem Falle willkürlich gesetzt werden, wenn man einzig von der Bestimmung der Produktion ausgeht.

Eine Begrenzung ist lediglich durch die Notwendigkeit gegeben, eine bestimmte minimale Befriedigung des Bevölkerungsbedarfs an Gebrauchsgütern zu sichern. Dadurch ist die Größe

$$Y_U = k_U \cdot F_U$$

vorbestimmt.

Die gesamte Differenz $F - F_U$ kann als Produktionskapazität entweder für die *unmittelbare* Produktion von neuen Produktionsfnods in Naturalform oder für die Produktion von Waren eingesetzt werden, die auf den Außenmärkten gegen Waren ausgetauscht werden, die für die Erweiterung der Produktionsfonds F_E und F_U nötig sind.

Wenn somit in einer geschlossenen Wirtschaft die Wechselbeziehungen vornehmlich in Abhängigkeit von der Relation S_F analysiert werden und die Wachstumsraten der Produktionsfonds w_{FE} und w_{FU} in erster Linie von Interesse sind- so steht in einer offenen Wirtschaft bei freien Außenwirt, schaftsbeziehungen das Verhältnis

$$S_Y = \frac{Y_E}{Y_U}$$

im Vordergrund.

Deshalb legen wir der weiteren Analyse die Formel

$$r_E - w_{kE} = k_E - \frac{1}{\frac{k_U}{k_E} \cdot S_Y} (r_U - w_{kU}) \tag{1}$$

zugrunde, die wir aus den folgenden Beziehungen erhalten:

$$w_{FE} = k_E - \frac{1}{S_F} \cdot w_{FU} \, ,$$

$$r_U = w_{FU} + w_{kU} \, ,$$

$$r_E = w_{FE} + w_{kE} \, ,$$

$$Y_U = k_U \cdot F_U \, ,$$

$$Y_E = k_E \cdot F_E \, .$$

Wir untersuchen die Bedeutung der Formel (1), indem wir allmählich die Bedingungen komplizierter gestalten, wobei wir mit den einfachsten Spezialfällen beginnen:

Erstens: Wir setzen $k_E =$ const. und $k_U =$ const.,

$$k_E \neq k_U, \quad w_{kU} = w_{kE} = 0 \quad \text{und} \quad r_U = r_E.$$

Dann nimmt Gleichung (1) aus denselben Ursachen, wie auch oben, die folgende Form an:

$$r_U = r_E = \frac{k_E}{1 + \frac{1}{\frac{k_U}{k_E} \cdot S_Y}}.$$

Die Wachstumsraten r_U und r_E sind um so höher, je größer k_E ist, und entwickeln sich in einer reziproken hyperbolischen Abhängigkeit von $\frac{k_U}{k_E}$ und S_Y.

Unter diesen Bedingungen ist es vorteilhaft, Waren zu exportieren, die mit maximaler Effektivität produziert werden, und Waren zu importieren, deren Herstellung mit minimaler Effektivität erfolgen würde.

Aus dieser Formel erhalten wir die folgenden Gleichungen:

$$r = r_U = r_E = \frac{k}{1 + \frac{1}{S_Y}} = \frac{k}{1 + \frac{Y_U}{Y_E}} = \frac{k \cdot Y_E}{Y_E + Y_U} = \frac{k \cdot Y_E}{Y}.$$

Bei konstantem und proportionalem Wachstum des gesamten Nationaleinkommens und seiner Bestandteile sowie bei gleicher und konstanter Effektivität der Fonds in den Abteilungen *E* und *U* ist somit die Wachstumsrate des Nationaleinkommens dem *Anteil* des Nationaleinkommens für die produktive Akkumulation und der Effektivität der Produktionsfonds proportional.

Zweitens: Wir setzen

$$r_U = r_E \quad \text{und} \quad w_{kU} = w_{kE},$$

dann ist:

$$r_U = r_E = w_{kU} + \frac{k_E}{1 + \frac{1}{\frac{k_U}{k_E} \cdot S_Y}}.$$

Da bei $r_U = r_E$ gilt: $S_Y =$ const., so wachsen $r_U = r_E$ nach Maßgabe der Wachstumsrate w_{kU}, während k_E im Verhältnis $\frac{k_U}{k_E}$ um so größer wird, je höher S_Y ist.

Drittens: Wir setzen $r_U = r_E$, dann ist:

$$r_U = r_E = \frac{w_{kE} + k_E + \dfrac{w_{kU}}{\dfrac{k_U}{k_E} \cdot S_Y}}{1 + \dfrac{1}{\dfrac{k_U}{k_E} \cdot S_Y}}.$$

Wenn wir

$$\beta w_{kE} = w_{kU}$$

setzen, dann nimmt die Gleichung folgende Form an:

$$r_U = r_E = \frac{w_{kE}\left[1 + \dfrac{\beta}{\dfrac{k_U}{k_E} \cdot S_Y}\right]}{1 + \dfrac{1}{\dfrac{k_U}{k_E} \cdot S_Y}} + \frac{k_E}{1 + \dfrac{1}{\dfrac{k_U}{k_E} \cdot S_Y}}.$$

Diese Gleichung ist allgemeiner gegenüber der in Punkt zwei entwickelten.
Bei $\beta = 1$ werden diese Formeln identisch; wenn $\beta > 1$, dann sind $r_U = r_E$ größer als in Punkt 2;
bei $\beta < 1$ ist es umgekehrt.
Bei freiem Warenaustausch auf den Außenmärkten kann S_Y willkürlich gesetzt werden; je höher S_Y, um so höher werden die Wachstumsraten, aber um so schwächer ist auch die Befriedigung der Bedürfnisse der Bevölkerung im Ausgangsmoment.

Viertens: Wir untersuchen den Fall, für den gilt:

$$w_{FU} = r_U - w_{kU} = \text{const.} \quad \text{und}$$
$$w_{FE} = r_E - w_{kE} = \text{const.}$$

Unter diesen Bedingungen nehmen die Gleichungen (1) und (2) von S. 74 die folgende Form an (vgl. S. 76 in Abschnitt 6 der vorliegenden Arbeit):

$$r_U = w_{kU} + \frac{k_E + \sqrt{k_E^2 + 4\left(\dfrac{k_U}{k_E} S_Y + 1\right) \cdot w_{kE} \cdot k_E}}{2\left(1 + \dfrac{k_E}{k_U \cdot S_Y}\right)}$$

$$r_E - w_{kE} = k_E - \frac{k_E}{k_U \cdot S_Y}$$

$$\times \frac{k_E + \sqrt{k_E^2 + 4\left(\frac{k_U}{k_E} S_Y + 1\right) w_{kE} \cdot k_E}}{2\left(1 + \frac{k_E}{k_U S_Y}\right)}$$

$$r_E = w_{kE} + k_E - \frac{k_E + \sqrt{k^2{}_E + 4\left(\frac{k_U}{k_E} S_Y + 1\right) w_{kE} \cdot k_E}}{2\left(\frac{k_U}{k_E} S_Y + 1\right)}$$

Fünftens: Schließlich untersuchen wir die Beziehungen zwischen den Wachstumsraten unter der Voraussetzung nur einer einzigen Begrenzung, und zwar unter der Bedingung, daß die Effektivität der Produktionsfonds konstant bleibt:

$$w_{kU} = w_{kE} = 0.$$

Wir gehen von den Gleichungen (1) und (2) (vgl. S. 74) aus:

$$w_{FE} - \frac{F_E}{F_U} \cdot \frac{w_{FE}}{w_{FU}} \cdot w'_{FE} = w_{FU} + w'_{FU} \tag{1}$$

$$k_E - (w_{FE} + w'_{FE}) = \frac{F_U}{F_E} \cdot \frac{w_{FU}}{w_{FE}} (w_{FU} + w'_{FU}) . \tag{2}$$

Andererseits ist aber:

$$w_{FE} = r_E; \qquad w_{FU} = r_U;$$

$$w'_{FE} = r'_E; \qquad w'_{FU} = r'_U$$

$$\frac{F_E}{F_U} = \frac{k_U Y_E}{k_E Y_U} .$$

Die Gleichungen (1) und (2) nehmen dann folgende Form an:

$$r_E - \frac{k_U Y_E}{k_E Y_U} \cdot \frac{r_E}{r_U} \cdot r'_E = r_U + r'_U \tag{1a}$$

$$k_E - (r_E + r'_E) = \frac{k_E}{k_U} \cdot \frac{Y_U}{Y_E} \cdot \frac{r_U}{r_E} (r_U + r'_U) . \tag{2a}$$

Die Form dieser Gleichungen unterscheidet sich nur wenig von der Form der Gleichungen (1) und (2) auf S. 74, und alles, was dort gesagt wurde, kann auch vollständig auf die hier ausgeführten Formeln übertragen werden.

Es ist lediglich die große Bedeutung hervorzuheben, die der Erhöhung des Verhältnisses $\frac{k_E}{k_U}$ für das Wachstum zukommt.

Je höher die Effektivität der für die Exportproduktion eingesetzten Produktionsfonds gegenüber der der Produktionsfonds für die innere Bedarfsdeckung ist, desto stärker ist das Wachstum der Konsumtion.

Unter den Bedingungen der kapitalistischen Umkreisung sollten wir alle Anstrengungen unternehmen, um in kürzester Frist unser Land zu industrialisieren. Unsere Entwicklung muß daher in hohem Grade den Bedingungen für die Entwicklung einer geschlossenen Wirtschaft entsprechen.
Allerdings sollte das, was wir in diesem Abschnitt ermittelt haben, in einem gewissen Grade auch auf unsere Entwicklungsbedingungen angewandt werden, um unsere Stellung zur Entwicklung von Exportzweigen in unserer Volkswirtschaft bestimmen zu können.
Wir halten es für erforderlich, vor möglichen Fehlern bei der Bestimmung der Effektivitätskoéffizienten der Produktionsfonds zu warnen. Man darf nicht vergessen, daß die Effektivität durch das Verhältnis des *neu* geschaffenen Werts zum Wert der gesamten Produktionsfonds bestimmt wird. Sehr oft wird aber der Fehler gemacht, daß der Gesamtwert der Produktion zum Wert eines Teils der Produktionsfonds ins Verhältnis gesetzt wird. Natürlich erhält man dann völlig verzerrte Ergebnisse.

10.

Beispiel für die partielle Anwendung der von uns entwickelten Methode zur Analyse der Wachstumsraten des Nationaleinkommens in der sowjetischen Ökonomik und einige Schlußfolgerungen, die sich aus dieser Anwendung ergeben

Die Erfahrungen aus den vergangenen Jahren bieten einige Grundlagen für die vorausschauende Planung. Diese Erfahrungen sind um so wichtiger, je weniger wir uns bei der Planung auf irgendeine abgeschlossene „Theorie der Planung", auf eine ausgearbeitete, logisch begründete Methodologie stützen können. In den vergangenen Jahren beobachteten wir ein bestimmtes Wachstum des Nationaleinkommens. Wir stellen uns die *Frage: In welchem Grade war dieses Wachstum der Erhöhung der Produktionsfonds geschuldet und in welchem Grade war es ein Ergebnis der Steigerung der Effektivität dieser Fonds?* Die Beantwortung dieser Frage ist von hohem Interesse, denn wir können dann leichter beurteilen, um wieviel wir künftig das Nationaleinkommen durch Steigerung der Effektivität der vorhandenen Produktionsfonds zu erhöhen vermögen. Der Analyse legen wir die „Kontrollziffern für das Wirtschaftsjahr 1927/1928" zugrunde.
Eine Unterteilung der Produktion in die Abteilungen U und E ist uns auf Grund des vorliegenden Materials gegenwärtig nicht möglich, so daß wir die Produktion und das Nationaleinkommen insgesamt betrachten müssen. Das verleiht unserer Analyse jenen Grad von Bedingtheit, über den wir im ersten Abschnitt dieses Beitrages sprachen. Ungeachtet dessen meinen wir, daß wir die aus den folgenden Berechnungen gewonnenen Ergebnisse, wenn sie hinreichend die Wirklichkeit widerspiegeln, nicht unberücksichtigt lassen dürfen.
Wir legen unseren weiteren Berechnungen die Gleichung

$$Y = k \cdot F \qquad (1)$$

sowie die davon gebildete Ableitung

$$\Delta Y = k \cdot \Delta F + \Delta k \cdot F + \Delta k \cdot \Delta F \qquad (2)$$

zugrunde.

Der gesamte Zuwachs des Nationaleinkommens setzt sich demnach aus drei Hauptbestandteilen zusammen:

1. Aus $k \cdot \Delta F$, dessen Größe vom Zuwachs der Produktionsfonds abhängt;
2. aus $\Delta k \cdot F$, das den Beitrag der Effektivitätssteigerung zum Nationaleinkommen darstellt;
3. aus $\Delta k \cdot \Delta F$, dem geringste Bedeutung zukommt und das das Ergebnis aus der Erhöhung sowohl von k als auch von F ist.

Gerade die Wechselverhältnisse zwischen diesen drei Teilen interessieren uns.

Wir müssen an dieser Stelle die Aufmerksamkeit darauf lenken, daß die von uns auf dem Rechenwege ermittelten Größen k und Δk statistische Durchschnittsgrößen sind, die nicht vollständig den realen Sachverhalt widerspiegeln.

Der Realität käme die folgende Formel näher:

$$\Delta Y = k_{\text{alt}} \cdot \Delta F + \Delta k_{\text{alt}} \cdot F + \Delta k_{\text{neu}} \cdot \Delta F,$$

da es möglich ist, daß der Zuwachs des Effektivitätsgrades der alten Produktionsfonds (Δk_{alt}) ein anderer ist als der der neuen Fonds (ΔF).

Diese Fehlerquelle ist jedoch nicht schwerwiegend. Erstens kann man trotz dieses Fehlers den tendenziellen Verlauf bestimmen, wenn man für den ganzen Vergleichszeitraum immer dasselbe Berechnungsverfahren anwendet; zweitens wissen wir aus den Erfahrungen der Vereinigten Staaten von Amerika, daß k nicht mit der Entwicklung der Industrie tendenziell wächst, und wenn sich unter unseren Bedingungen eine steigende Tendenz ergibt, dann folgt das hauptsächlich aus der Rationalisierung und aus der Erhöhung der zeitlichen Auslastung der gesamten Produktionsfonds. Deshalb sollten die Berechnungen auch bei Anwendung statistischer Durchschnittsgrößen ein hinreichend richtiges Bild ergeben.

Der Nominalbetrag des Einkommens der UdSSR ist in den „Kontrollziffern für das Wirtschaftsjahr 1927/28“ gegeben (Tabelle 3, a. a. O., S. 496). Diese Ziffern enthalten offensichtlich Angaben über das Reineinkommen sowohl in der privaten wie auch in der sozialistischen Wirtschaft, denn die Daten für die sozialistische Wirtschaft sind der Tabelle 2 – „Reineinkommen der vergesellschafteten Wirtschaft der UdSSR“ –

entnommen. Auf der folgenden Seite (a. a. O., S. 497) werden Preisindizes und Indizes für das Realeinkommen, die auf Grund dieser Preisindizes berechnet wurden, angeführt. Auf der Grundlage dieser Daten haben wir die folgende Tabelle zusammengestellt (absolute Daten in Mio. Rbl-Tscherw.):

Tabelle 6

Jahre	Nationaleinkommen		Zuwachs des Nationaleinkommens	
	in Preisen des Wirtschaftsjahres 1926/27	in Preisen des Wirtschaftsjahres 1925/26	in Preisen des Wirtschaftsjahres 1925/26	in Prozent
1924/25	17104	16990	—	—
1925/26	20388	20252	3262	19,2
1926/27	22560	22410	2158	10,7
1927/28	25314	25145	2735	12,2

Die Daten über die Dynamik der nationalen Fonds entnehmen wir der Tabelle „Grundfonds der Volkswirtschaft" (a. a. O., S. 518 f.). Alle Fonds sind zu den Preisen des Wirtschaftsjahres 1925/26 bewertet.
Der Wert des Bodens ist im Gesamtbetrag der Fonds nicht enthalten. Für die Berechnung der Kontrollziffern sind unterschiedliche Abschreibungsfristen für die Anlagen genommen worden, die Daten sind nicht das Ergebnis einer direkten Bewertung.
Wir haben zu den Produktionsfonds die Zirkulationsfonds hinzugefügt, weil diese zum Teil aus dem Aufwand des Transports bestehen. Der Transport gehört aber zur Kategorie der Produktion.

Tabelle 7

(in Mio. Rbl.)

Jahre	Produktionsfonds (I) zu Beginn des Jahres		Zirkulationsfonds (II) zu Beginn des Jahres		Gesamtfonds F (I u. II) zu Beginn des Jahres	
	Fonds	Zuwachs	Fonds	Zuwachs	Fonds	Zuwachs
1924/25	20186	745	11786	137	31972	882
1925/26	20931	1309	11923	297	32854	1606
1926/27	22240	1597	12220	456	34460	2053
1927/28	23837	2011	12676	641	36513	2652
1928/29	25848	—	13317	—	39165	—

Für die Bestimmung des Koeffizienten k sind uns die folgenden Gleichungen gegeben:

$$(1924/25) \quad 16990 = 31972 \cdot k_{1924/25}$$
$$(1925/26) \quad 20252 = 32854 \cdot k_{1925/26}$$
$$(1926/27) \quad 22410 = 34460 \cdot k_{1926/27}$$
$$(1927/28) \quad 25145 = 36513 \cdot k_{1927/28}.$$

Aus diesen Gleichungen erhalten wir:

$$k_{1924/25} = 0{,}53140$$
$$\Delta k_{1924/25} = 0{,}08502$$
$$k_{1925/26} = 0{,}61642$$
$$\Delta k_{1925/26} = 0{,}03390$$
$$k_{1926/27} = 0{,}65032$$
$$\Delta k_{1926/27} = 0{,}03834$$
$$k_{1927/28} = 0{,}68866$$

Diese gewonnenen konkreten Daten setzen wir in unsere abgeleitete Gleichung ein:

$$\Delta Y = k \Delta F + \Delta k F + \Delta k \Delta F$$

und zwar für die folgenden drei Intervalle:

1. 1924/25–1925/26
2. 1925/26–1926/27
3. 1926/27–1927/28.

Intervall 1924/25–1925/26:

$$3262 = 0{,}53140 \cdot 882 + 0{,}08502 \cdot 31972 + 882 \cdot 0{,}08502.$$

Intervall 1925/26–1926/27:

$$2158 = 0{,}61642 \cdot 1606 + 0{,}03390 \cdot 32854 + 1606 \cdot 0{,}03390.$$

Intervall 1926/27–1927/28:

$$2735 = 0{,}65032 \cdot 2053 + 0{,}03834 \cdot 34460 + 2053 \cdot 0{,}03834.$$

Aus diesen Gleichungen stellen wir die folgende Tabelle (vgl. Tabelle 8) zusammen; sie vermittelt eine Vorstellung über die Wachstumsraten des Nationaleinkommens und auch darüber, in welchem Grade dieses Wachstum aus einer Erhöhung der Fonds oder aus der Steigerung der Effektivität der Fonds erfolgt.

Tabelle 8

Perioden		Zuwachs Y		Teil des Zuwachses ($k\Delta F$) durch Erhöhung der Fonds (in Prozent zu ΔY)	Teil des Zuwachses durch Erhöhung der Effektivität der Fonds (in Prozent zu ΔY)		
		in Preisen 1925/26	in Prozent zu Y		ΔkF	$\Delta k \cdot \Delta F$	$\Delta kF + \Delta k \Delta F$
1924/25 bis 1925/26	a	3262	19,2	468,7	2718,3	75	2793,3
	b	100	—	14,4	83,3	2,3	85,6
1925/26 bis 1926/27	a	2158	10,7	990,0	1113,8	54,2	1168
	b	100	—	46,0	51,8	2,5	54,3
1926/27 bis 1927/28	a	2735	12,2	1135,1	1321,2	78,7	1399,9
	b	100	—	48,8	48,3	2,9	51,2

a — in Mio. Rubel

b — in Prozent

Diese Berechnung zeitigt interessante Ergebnisse.

Wir sehen, daß die Erhöhung der Effektivität der Produktionsfonds eine außerordentlich bedeutende Rolle spielt und daß ihr Anteil am Wachstum auch noch im Wirtschaftsjahr 1926/27 höher war als der der Neuinvestitionen. Dabei erhöhte sich der Koeffizient k in der Zeit von 1924/25 bis 1927/28 nur von 0,53 auf 0,69, d. h. um 30 Prozent. Wir nehmen an, daß dieser Entwicklung noch ein großer Raum gegeben ist, wir halten es nicht für unmöglich, daß sich k bis zu einer Größenordnung von 1,5 entwickelt.

Dadurch sind uns bedeutende Möglichkeiten für die Aufrechterhaltung der Wachstumsraten des Nationaleinkommens in der Sowjetunion gegeben, und zwar bis zu dem Zeitpunkt, da sich das Verhältnis $\frac{F_E}{F_U}$ erhöht, d. h. bis zu dem Moment, da eine höhere Stufe in der Industrialisierung des Landes erreicht wird. Offensichtlich besteht die Hauptaufgabe unserer Planungsorgane darin, vor allem das Wachstum der Größen k_U, k_E und $\frac{F_E}{F_U}$ zu regulieren.

Wir sind der Auffassung, daß es mit Hilfe dieses Instrumentariums, das wir hier skizzenhaft dargestellt haben, möglich wird, die vor uns stehenden Aufgaben erfolgreich zu lösen.

Wir können allerdings nicht für die Exaktheit der statistischen Daten in dieser Arbeit garantieren. Die Qualität der Aussage hängt aber sehr von der Genauigkeit des statistischen Ausgangsmaterials ab. Doch machen diese Berechnungen deutlich, wie außerordentlich wichtig es ist, die von uns gewählten ökonomischen Parameter richtig zu berechnen.

11.

Erläuterungen und Schlußbemerkungen

Im Verlaufe der gesamten Analyse haben wir hervorgehoben, daß die Größen F_E und F_U über eine ziemlich stabile, spezifische Struktur verfügen.
Andererseits werden in der Abteilung *E* etwa die gleichen Produktionsmittel und Konsumtionsmittel hergestellt wie auch in der Abteilung *U*, nur die Proportionen sind verschieden. Der Hauptunterschied zwischen den beiden Abteilungen besteht in der Zweckbestimmung ihrer Erzeugnisse. In Abteilung *U* wird alles für die Konsumtion produziert, während die Erzeugnisse der Abteilung *E* für die produktive Akkumulation bestimmt sind. Deshalb ist unsere Unterteilung hauptsächlich eine ökonomische. Daraus ergeben sich zweifellos bestimmte Schwierigkeiten bei der Anwendung dieser von uns vorgeschlagenen Methode. Dieses Problem ist noch weiterzuentwickeln, und das statistische Material muß dem angepaßt werden.
Es ist aber in der Regel undenkbar, daß die wissenschaftliche Planung eines solchen sich entwickelnden sozialökonomischen und technischen Wirtschaftspotentials, wie es die Sowjetunion im Verlaufe der nächsten Jahrfünfte und Jahrzehnte darstellen wird, ohne die Anwendung einer entsprechenden wissenschaftlichen Methode möglich ist. Wenn die genialen Baumeister des Altertums großartige Bauwerke errichteten, ohne auch nur über einen kleinen Teil der wissenschaftlichen Kenntnisse zu verfügen, die heute von einem modernen Architekten gefordert werden, so bedeutet das nicht, daß wir uns beim Aufbau unserer Volkswirtschaft vom Beispiel der Antike leiten lassen sollten oder könnten. Wir wissen nicht, wie groß die Anzahl der Bauvorhaben ist, die niemals fertig oder die vorzeitig abgebrochen wurden, weil die Intuitionen des Baumeisters nicht die fehlende wissenschaftliche Methodik

kompensieren konnte. Wir sind gegenwärtig *das einzige* Sowjetland in einer *kapitalistischen Umkreisung*, und wir können uns nicht damit zufrieden geben, daß das „Bauwerk" irgendwann gelingen werde. Die Überzeugung von irgendeiner Wirtschafts-„Konstruktion", von einem Modell, das wir uns als Ziel stellten, ist ein höchst unzureichendes Argument im Hinblick auf die komplizierte dynamische Entwicklung. Wir können und dürfen uns nicht den Luxus erlauben, auf unsere Ökonomik einen unzureichenden Plan oder eine verfehlte Variante anzuwenden.

Daraus folgt, daß die Anwendung eines wissenschaftlichen Instrumentariums, einer wissenschaftlichen Methodologie, eine absolute Notwendigkeit darstellt. Die Kenntnis allein der allgemeinen Gesetze von Karl Marx ist eine notwendige, aber keine hinreichende Voraussetzung. Uns scheint, daß die Notwendigkeit eines strengen Systems von Formeln, das die gesetzmäßigen dynamischen Beziehungen zwischen den Hauptelementen der Volkswirtschaft bestimmt, sichtbar geworden ist. Es ist auch angesichts der Kompliziertheit der vor uns stehenden Aufgaben offensichtlich, daß dieses mathematische System nach den Iterationsverfahren gehandhabt werden muß. Das bezeugen die Erfahrungen jeglicher Planung. Aber diese Methode der „schrittweisen Näherung" bleibt reine Vermutung oder verwandelt sich in die Sisyphusarbeit eines genialen Konstrukteurs, der die Methodik, das System, durch Intuition zu ersetzen sucht, wenn sie der Theorie entbehrt.

Von diesen Überlegungen ließen wir uns leiten, als wir diese Forschungen aufnahmen und für die Aufgabenstellung der Staatlichen Kommission (für die Ausarbeitung des Generalplans der Volkswirtschaft der UdSSR) ein System von mathematischen Beziehungen entwickelten, das die Gewähr zu geben sollte, die Hauptkennziffern der volkswirtschaftlichen Entwicklung in ihrem gesetzmäßigen dynamischen Zusammenhang zu erfassen.

Die Versuche, die von uns vorgeschlagenen Methoden und mathematischen Formeln sogar unter primitiven und handwerksmäßigen Bedingungen anzuwenden, bestätigen offensichtlich die Richtigkeit des von uns gewählten Weges.

Im Vergleich zu dem, was die reale Wirtschaftsplanung von uns erfordert, haben wir die Fragestellung vereinfacht. So

haben wir beispielsweise nicht untersucht, wie der Übergang von den Marktpreisen zu den Wertformen, die wir in unseren Formeln anwendeten, erfolgen soll.
Das von uns vorgeschlagene System muß weiterentwickelt, differenziert und entsprechend den realen Bedingungen ergänzt werden.
Wir erachten es für erforderlich, noch einmal zu der Frage zurückzukehren, warum wir in unserer Analyse nicht unmittelbar von den bei Marl Marx gegebenen Formeln ausgegangen sind. Haben wir das getan, um den Versuch einer Revision seiner Lehre zu unternehmen? Nicht im geringsten. Es geschah deshalb, weil die vor uns stehende Aufgabe eine andere ist als die, die Marx zu lösen hatte. Aus Erfahrungen in der Forschung auf den Gebieten der Naturwissenschaft und Technik wissen wir, wie wichtig es für die Erleichterung der Forschungsarbeiten und für die Sicherung des Erfolgs ist, ein adäquates Schema und ein mathematisches System für die Formulierung der Hypothesen auszuwählen, die im Fortgang der Forschungen zu den Gesetzen der ökonomischen Entwicklung führen sollen. Eine der grundlegenden Hypothesen, die uns veranlaßt, die Theorie von Karl Marx unserer Aufgabenstellung anzupassen, besteht darin, daß die Wachstumstempi des Nationaleinkommens von bestimmten, sich historisch herausbildenden und nicht zufälligen Wechselbeziehungen zwischen dem Quantum an Arbeit, das sich im Verlaufe der gesamten vergangenen Zeit in den gesellschaftlichen Produktionsfonds kristallisiert hat, und der Menge an Arbeit, die sich im Verlaufe des folgenden Zeitabschnitts neu kristallisiert, abhängen.
Eine zweite Hypothese, die uns zu neuen Formulierungen anregte, war der Gedanke, daß es notwendig sei, die gesamte Produktion exakt zu unterteilen in einen Teil, der proportional dem laufenden Verbrauch ist, und in einen Teil, der der *Erhöhung* des Verbrauchs proportional ist. Dem liegen die Grundgedanken von Karl Marx über die einfache und erweiterte Reproduktion zugrunde.
Bei den wesentlichen Unterschieden in der Fragestellung würde das Bestreben, bei unserer mathematischen Analyse nicht vom Wesen der Marxschen Theorie auszugehen, sondern von den Beziehungen und Unterteilungen, die Marx für die Demonstration seiner Thesen nutzte, reinen Fetischismus bedeuten.

Die Forderung nach einer maximalen Ökonomie und eines rationellen Einsatzes unserer geistigen Potenzen steht mitunter zu den erworbenen Fertigkeiten und Gewohnheiten im Widerspruch. Aber wir würden die Aufgaben nicht lösen können, wenn wir nicht die Form den gestellten Zielen unterordnen würden.
Aus all dem Dargelegten sollte klar werden, daß wir nicht beabsichtigen, den Begriff Nationaleinkommen zu fetischisieren. Wir haben auf die Bedingtheit dieses Terminus, auf die Relativität seines quantitativen Ausdrucks und auf das Fehlen eines konstanten und beständigen Maßstabs des Nationaleinkommens verwiesen.
Andererseits gibt es eine Reihe von Elementen der Konsumtion, die keine Warenform haben und nicht wertmäßig erfaßt werden können, die aber im Leben der Menschheit eine immer größere Rolle spielen. Der Sport und das Verkehrswesen eröffnen in dieser Hinsicht unüberschaubare Horizonte. Bekanntlich wird die große Mehrzahl der Automobile in den USA von den Kraftfahrzeugbesitzern selbst geführt. Diese Arbeit wird überhaupt nicht erfaßt, aber wenn man sie mit dem bescheidenen Betrag von 25 Dollar je Kraftfahrzeug im Monat bewerten würde und wenn wir annehmen, daß nur 15 Millionen Kraftwagen auf diese Weise genutzt wurden, dann ergäbe das einen Jahresbetrag von 4,5 Milliarden Dollar, was selbst für die Vereinigten Staaten einen bedeutenden Teil des Nationaleinkommens (mehr als 5 Prozent) ausmachen würde.
In der allgemeinen Form unserer mathematischen Beziehungen konnte der Einfluß von Strukturveränderungen in der Produktion und in der Konsumtion nicht berücksichtigt werden.
In den verschiedenen Produktionszweigen sind die Koeffizienten k unterschiedlich, so daß eine Veränderung der Produktionsstruktur, die Veränderung der Anteile der einzelnen Produktionszweige an der Gesamtproduktion auch zu einer Veränderung des allgemeinen Koeffizienten k für die Volkswirtschaft insgesamt führt.
Daraus ergibt sich auch der große Einfluß, den die Strukturveränderungen auf den *Wert*ausdruck der Gesamtproduktion ausüben. Die Bedeutung dieser Erscheinung ist von uns ebenfalls nicht behandelt worden. Aber dieses Problem kann nicht

nur unter dem Aspekt der organischen Zusammensetzung der Fonds und der Unterteilung der Produktion in Produktionsmittel und Konsumtionsmittel betrachtet werden, sondern muß auch durch die Entwicklung unseres mathematischen Formelsystems innerhalb der beiden Abteilungen *E* und *U* Beachtung finden. Diese Frage hängt mit dem Problem der „absoluten Bewertung" des Produktionsumfangs (nicht in Preisen irgendeines bestimmten Jahres) zusammen, mit der Auffindung irgendeiner objektiv konstanten oder variablen Bewertung des Produktionsumfangs, die nicht mit den Relationen nur irgend eines einzigen Jahres verbunden ist.

Die Anwendung unserer Formeln ist jedoch nicht an die Ausarbeitung dieser Probleme gebunden.

Wir möchten nochmals wiederholen: Der quantitative Wertausdruck des Nationaleinkommens hat einen ausgesprochen bedingten Charakter. Die Nationaleinkommen mit unterschiedlicher Struktur sind nur bedingt vergleichbar, weshalb die Einbeziehung qualitativer Merkmale unerläßlich ist. Die Anwendung qualitativer Charakteristika ist insbesondere beim Vergleich und der Analyse des Wachstums erforderlich. Die Bedeutung, die die Effektivität der Produktionsfonds für die Wachstumstempi des Nationaleinkommens hat, haben wir in dieser Arbeit aufgedeckt. Wir halten es jedoch für erforderlich, im Lichte des eben ausgeführten abschließend noch die folgende Erläuterung zu geben.

„Der Wertteil *c*", schrieb Karl Marx, „der das in der Produktion *verzehrte* konstante Kapital darstellt, deckt sich nicht mit dem Wert des in der Produktion *angewandten* konstanten Kapitals."[7]

Andererseits definierten wir die Effektivität der Produktionsfonds als Verhältnis des *neu*produzierten Wertes zur Summe der Grund- und Umlauffonds. In die Grundfonds geht – nach der Definition von Marx – der gesamte „Wert des in der Produktion angewandten konstanten Kapitals" ein. Der in der Produktion verzehrte Wertteil (αC) kann in Abhängigkeit vom Charakter der Produktionsinstrumente, die in den verschiedenen Industriezweigen angewandt werden, und in Abhängigkeit von den Relationen zwischen den Grundstoffen, Hilfsmaterial und Produktionsinstrumenten, außerordentlich unterschiedlich sein. Schließlich kann auch die Größe des

Mehrprodukts in den verschiedenen Wirtschaftszweigen stark differieren. Dadurch ist die unterschiedliche organische Zusammensetzung der Produktionsfonds und die differenzierte Effektivität der Produktionsfonds, die wir als das Verhältnis

$$\frac{v + m}{F} = k'$$

definierten, vorbestimmt (k' bedeutet Effektivität bei veränderlichen Preisen).

Der Koeffizient k' sinkt bei wachsender organischer Zusammensetzung der Fonds, was „die technische Zusammensetzung des Kapitals“[8] widerspiegelt. Es wäre aber verfehlt anzunehmen, daß auf diese Weise die Gesetzmäßigkeit bestimmt wäre, die die Beziehungen zwischen den Gebrauchswerten der Produktionsfonds und der Produktion, „ihrer physischen Größen“[9], zum Ausdruck bringt. Dieses Gesetz existiert nur unter der Voraussetzung historisch sich verändernder Wertverhältnisse. Allerdings hatten wir weiter oben gezeigt, daß bei Berechnungen zu konstanten Preisen in den USA ebenfalls eine – wenn auch bedeutend langsamer – sinkende Tendenz des Koeffizienten k zu beobachten war. Doch kann die Richtigkeit der Preisindizes, die wir bei diesen Berechnungen in Ermangelung anderer Daten nutzen mußten, in Zweifel gezogen werden, auf alle Fälle meinen wir nicht, daß diese Erscheinung für alle historischen Entwicklungsetappen der Technik zutreffend ist.

Dieses Problem ist auch noch von einer anderen Seite aus zu behandeln. Wir haben schon weiter oben ausgeführt, daß wir kein absolutes Maß für die Messung des Produktionsumfanges haben.

Für die Messung verwenden wir Preise irgendeines zufällig ausgewählten Jahres, dessen Wertrelationen sich in einem historischen Entwicklungsprozeß herausgebildet haben. Andererseits ist die durchschnittliche Effektivität der Produktionsfonds ein Verhältnis zwischen Wertausdrücken, und zwar:

$$k = \frac{k_1F_1 + k_2F_2 + k_3F_3 + \cdots + k_nF_n}{F_1 + F_2 + F_3 + \cdots + F_n}.$$

Es ist offensichtlich: Wenn sich die Produktionsstruktur verändert und sich der Anteil jener Produktionsfonds – beispielsweise F_p, F_{p+1}, F_{p+2} usw. – erhöht, für welche auf Grund historisch entstandener Bedingungen für das von uns gewählte Jahr die Koeffizienten k_p, k_{p+1}, k_{p+2} usw. niedriger sind als der Durchschnittskoeffizient k, dann muß die Durchschnittsgröße k sinken.

Sogar bei einem erhöhten F ist somit die Stabilität oder gar eine Senkung des Verhältnisses

$$Y = k \cdot F$$

möglich.

Die Berechnung des Nationaleinkommens zu konstanten Preisen weist in diesem Falle die stattfindende erweiterte Reproduktion nicht aus, und die Berechnung des Wachstums kann den Uneingeweihten grausam in die Irre führen.

Der Ökonom ist verpflichtet, den Prozeß in seiner ganzen strukturellen Kompliziertheit zu untersuchen und die Paradoxa aufzudecken. Ein echtes Mittel zur Vermeidung solcher Fehler würde die Anwendung eines absoluten Maßes für das Nationaleinkommen bedeuten. Ein Ausweg könnte gefunden werden, wenn man zwei oder drei verschiedene Verfahren zur Messung des Nationaleinkommens anwenden würde. Eines davon könnte die energetische Bewertung sein.

Weiter muß die Entwicklung der Struktur der Konsumtion erforscht werden, die die Wertgröße der Konsumtion und die Produktionsstruktur und folglich auch alle übrigen Relationen einschließlich der Wachstumsraten der Konsumtion der Bevölkerung beeinflussen kann.

Die wissenschaftlichen Grundlagen über die Entwicklung und Struktur der Konsumtion sind bislang kaum in irgendeiner befriedigenden Weise erarbeitet worden. In diesen Bereich fallen auch soziale, psychologische und physiologische Probleme. Auf rein ökonomische Weise kann diese Aufgabe nicht gelöst werden.

Die Probleme der Konsumtion stehen in ihrer ganzen Kompliziertheit und Komplexität vor uns. Wir sind dessen noch nicht gewahr geworden. Andererseits ist es für eine sozialistische Wirtschaft, die die Verteilung der Investitionen in den Händen hat, völlig unmöglich, bei der Ausarbeitung des Perspektiv- und Generalplanes allein nur von der Marktnachfrage, so wie sie sich gegenwärtig bei uns gestaltet oder in den fortgeschrittenen kapitalistischen Ländern vorherrscht, auszugehen. Zu den Gegebenheiten unseres Lebens und denen der fortgeschrittenen kapitalistischen Ländern ist eine wissenschaftlich begründete Zielstellung hinzuzufügen.

Welche Gestalt sollte der Gesamtplan der Volkswirtschaft erhalten? Wir meinen, daß der Plan bis zu einem beliebigen Grade detailliert und konkretisiert werden kann, aber das Gerüst des Planes in seiner abstrakten Form (wobei wir den Plan durchaus nicht nur als ein Modell auffassen, sondern als einen Perspektivplan der Entwicklung) sollte sich auf jeden Fall und in erster Linie aus einem *System* jener Kennziffern zusammensetzen, die in unseren mathematischen Formeln gegeben worden sind.

Es mag scheinen, daß das von uns empfohlene System von mathematischen Formeln und analytischen Verfahren übermäßig kompliziert und schwierig zu handhaben sei. Doch gegen eine solche Auffassung möchten wir uns entschieden verwahren. Man kann sich keine *unkompliziertere Methodik* der Planung für ein solch *kompliziertes System*, wie es die Volkswirtschaft ist, vorstellen. Andererseits kennen wir keine modernere Form der Analyse als die der Mathematik. Wer mit den Theorien der Maschinenkonstruktion vertraut ist, der wird kaum sagen, daß unsere Methodik komplizierter sei als das, was beispielsweise in der Theorie der Wasserturbinen oder der Elektromaschinen u. ä. entwickelt worden ist. So umfaßt z. B. die Theorie der Wasserturbinen von A. Pfarr 821 Seiten; die Theorie der Gleichstrom-Dynamomaschinen von E. Arnold ist auf 816 Seiten ausgeführt worden, während die gesamte Theorie der Elektromaschinen mehrere solcher Bände umfaßt. Schon vom Umfang dieser Werke kann man auf die Kompliziertheit und den Detailisierungsgrad dieser Arbeiten schließen. In diesen Büchern kann man alles finden: Sowohl die allgemeinsten Formeln als auch die Konkretisierung in allen Details. Die Grundlage bilden die Gesetze der Physik und Mathematik, was jedoch nicht der Notwendigkeit enthebt, eine konkrete Konstruktionstheorie für die in der Produktion anzuwendenden Maschinen zu entwickeln.

Es gibt noch keine Theorie der Volkswirtschaftsplanung; sie ist noch nicht entwickelt worden. Wie in den meisten Fällen ist das Leben und sind seine Schöpfer den Theoretikern voraus. Natürlich kann man in den umfangreichen Arbeiten derer, die die Pläne ausarbeiten, wertvolle Ideen und Vorstellungen finden, und es ist auch nicht so, daß sich in ihren Hirnen, in dieser oder jener Form, teils bewußt, teils intuitiv, nicht ein ganzer Komplex von Hypothesen findet, der ihnen die Möglichkeit bietet, jene grandiose Arbeit zu vollbringen, die sich in den Perspektivplänen und in den Kontrollziffern der Volkswirtschaft niederschlägt. Man muß deshalb auf jeden Fall anerkennen, daß ihre Arbeit bis zu einem gewissen Grade schon jene Grenze überschreitet, die den groben Empirismus von der Wissenschaft trennt. Wir haben diese Arbeit im Verlaufe mehrerer Jahre aus der Nähe kennengelernt und haben an der Ausarbeitung von Methoden für die Nutzung der Erfahrungen der kapitalistischen Wirtschaft für die Planung der Volkswirtschaft der UdSSR teilgenommen. Alles das hat die Entwicklung unserer Vorstellungen beeinflußt, und wenn die von uns entwickelte Methodologie zu helfen vermag, die außerordentlich schwierigen Probleme der Volkswirtschaftsplanung zu lösen, dann verdanken wir das unbedingt auch der Atmosphäre, die die Leiter unserer Planungstätigkeit schufen.

Wir sind überzeugt, daß eine mehr oder weniger vollkommene Planung der Volkswirtschaft nur auf der Grundlage einer exakten, mathematisch formulierten Theorie aufgebaut werden kann; Streitigkeiten um die Pläne werden unter dieser Voraussetzung abgelöst durch die prinzipielle Festlegung von Aufgaben und Zielgrößen bei voller Sicherheit und Fehlerlosigkeit der Berechnungen. Die spontanen Faktoren, die vorläufig nicht ausgeschaltet werden können, werden nur die Auswahl bestimmter Varianten, die zuvor schon als Pläne in Form von Kampfprogrammen ausgearbeitet wurden, beeinflussen. Dabei muß hervorgehoben werden, daß die Planung der Volkswirtschaft in den nächsten Jahren nur als die Konkretisierung des ersten Abschnitts eines langfristigen Plans für die Entwicklung der Volkswirtschaft zu betrachten ist.

Fußnoten

1 Unter Fondseffektivität verstehen wir den je Zeiteinheit neugeschaffenen Wert im Verhältnis zum Wert der Grund- und Umlauffonds in der gegebenen Produktion oder Abteilung (Nettofondsquote — d. Ü.). Sowohl der neugeschaffene Wert als auch die Produktionsfonds sollten zu den Reproduktionspreisen ein- und desselben Zeitabschnitts bewertet werden.

2 Diese Unterteilung kann nur auf dem Rechenwege ausgeführt werden, sie stimmt nicht mit der stofflichen Verteilung der Produktion nach Betrieben überein. In diesem Beitrag verzichten wir auf eine analytische Beweisführung für die Realisierbarkeit der vorgeschlagenen Unterteilung, das soll einem speziellen Beitrag zu dieser Thematik vorbehalten bleiben.

3 Karl Marx, „Das Kapital", in: Karl Marx/Friedrich Engels, Werke, Bd. 24, S. 391 ff.

4 In der weiteren Analyse setzen wir die Konstanz der Preise voraus.

5 Anmerkung: Feldman geht im folgenden stets vom vollzogenen Grenzübergang aus.

6 Anmerkung: Laut Definition ist $s_F = f(b, k_E)$. Im Falle $k_E = b$ wird $s_F = f(b)$. Dies hat Feldman offensichtlich im Auge, wenn er schreibt: $f(s_F, b)$.

7 Karl Marx/Friedrich Engels, Werke, Bd. 24, S. 395.

8 Karl Marx/Friedrich Engels, Werke, Bd. 23, S. 640.

9 Unter $v + m$ verstehen wir in diesem Falle den ganzen, in einer bestimmten Zeitperiode (konkret: im Jahr) neugeschaffenen Wert, während F die Grund- und Umlauffonds darstellt.
Nach unserer Definition wird der Effektivitätskoeffizient k auf Basis konstanter Preise ermittelt. Zwischen k und k' würde kein Unterschied sein, wenn der Arbeitslohn und das Mehrprodukt in den gleichen Proportionen wachsen würden wie auch die Arbeitsproduktivität (vgl. auch Abschnitt 8, S. 85).

Anhang I

Auszug aus dem 1929 veröffentlichten Beitrag „Die analytische Methode der Perspektivplanung.“

Die uns zur Verfügung stehenden Mittel geben uns nicht die Möglichkeit, die Berechnungen in jener Exaktheit und Vollständigkeit auszuführen, wie es für eine entsprechend konkrete Planprojektierung erforderlich wäre. Unsere Berechnungen dienen der Illustration für die theoretischen Darlegungen, sie sind mehr oder weniger eine Annäherung an die reale Projektierung.

Zunächst errechneten wir die Effektivitätskoeffizienten für die Hauptbereiche der Volkswirtschaft auf der Grundlage der Daten für die Periode von 1925/26 bis zur Gegenwart und nach den Materialien des Fünfjahrplans (vgl. Tabelle 1).

Die errechneten Koeffizienten zeichnen sich durch eine hohe Beständigkeit aus und bestätigen unsere Auffassung, daß sie für die analytische Methode der Planung geeignet sind.

Andererseits zeigt sich die Notwendigkeit, die Dynamik dieser Koeffizienten gründlicher zu analysieren. Dabei ist es von besonderem Interesse, die Dynamik der Effektivitätskoeffizienten in der Industrie zu verfolgen, denn bisher zeigten sie steigende Tendenz, während sie nach den Daten des Fünfjahrplans sinkende Tendenz aufweisen. Die sinkende Tendenz ergibt sich hauptsächlich aus einem relativ schnelleren Wachstum der Grundfonds. Das wird deutlich anhand der folgenden Entwicklung des Effektivitätskoeffizienten (Nationaleinkommen im Verhältnis zu den Grundfonds):

1925/26	–	0,566
1926/27	–	0,646
1927/28	–	0,704

1928/29	–	0,725
1929/30	–	0,740
1930/31	–	0,723
1931/32	–	0,691
1932/33	–	0,666

Angenommen, es sei die Aufgabe gestellt, die Wachstumsrate des Nationaleinkommens (Y) von 7,5% im Wirtschaftsjahr 1927/28 auf 17% gegen Ende der Fünfjahrplanperiode zu erhöhen, was etwa mit der Zielstellung des Fünfjahrplans übereinstimmt.

Wenn wir berücksichtigen, daß es unter unseren Bedingungen faktisch keinen moralischen Verschleiß gibt, so erhalten wir die folgenden Daten für $\frac{Y_E}{Y}$ (vgl. Tabellen 2 und 3).

Wir berechnen zwei Varianten – in der ersten Variante setzen wir $k = 0{,}45$ und in der zweiten $k = 0{,}75$ –, um zu ermitteln, welchen Einfluß die Effektivität der Produktionsfonds ausübt.

Wir rechnen dabei nach der Formel:

$$Y' = \frac{k \cdot Y_E}{Y} \quad \text{bei} \quad k' = 0$$

$$Y_0 = 1 \text{ und } \quad k = 0{,}45 \qquad \text{(vgl. Tabelle 2).}$$

Nunmehr nehmen wir an, daß k beständig wächst, und zwar von 0,45 bis 0,75: $k = 0{,}45$; 0,51; 0,57; 0,63; 0,69; 0,75 (vgl. Tabelle 3). Das Verhältnis $\frac{Y_E}{Y}$ bestimmen wir dann nach der Formel:

$$Y' = k' + \frac{k \cdot Y_E}{Y}.$$

Aus den Tabellen 2 und 3 können wir ersehen, wie unterschiedlich sich in Abhängigkeit von der Effektivität der Produktionsfonds die Zielrealisierung gestalten kann. Im zweiten Falle (Tabelle 3) erreicht die Konsumtion der Bevölkerung beständig ein höheres Niveau, obwohl sie etwas langsamer wächst. In den ersten beiden Jahren besteht keinerlei Veranlassung, die Akkumulation zu erhöhen; im Gegenteil, ein Teil der Produktionsfonds erweist sich im Rahmen des Planes als überflüssig und kann ins Ausland verkauft werden.

Andererseits ist offenkundig, daß in diesem Falle bedeutend höhere Wachstumsraten des Nationaleinkommens erzielt werden könnten, wenn die gleichen Daten für $\frac{Y_E}{Y}$ *gesetzt würden wie im ersten Falle.*

Diese Beispiele demonstrieren, wie leicht es ist, beliebige Typen und Tempi der volkswirtschaftlichen Entwicklung auszuwählen, wenn man die analytische Methode anwendet. Die einzige, aber durchaus überwindbare Schwierigkeit besteht lediglich in der Bestimmung des Effektivitätskoeffizienten; sie muß jeweils gesondert für die einzelnen Faktoren erfolgen: 1. Arbeitsintensität, 2. zeitliche Auslastung der Maschinen und Anlagen, 3. technisches Verhältnis zwischen dem Umfang des Nettoprodukts und dem Umfang der erforderlichen Produktionsfonds.

Es ist zu überprüfen, ob der Einsatz der Fonds in den beiden Abteilungen „*E*" und „*U*" entsprechend der ermittelten Relationen realisierbar ist. Wenn wir es mit einer strenger bestimmten Entwicklung der Koeffizienten k_E und k_U zu tun hätten, dann müßten wir die folgenden Gleichungen anwenden:

$$k = \frac{k_U \cdot F_U + k_E \cdot F_E}{F}$$

und

$$F = F_E + F_U.$$

Wenn die Größen k_U oder k_E bestimmt sind oder auf irgendeine Weise gesetzt werden, dann werden alle übrigen Parameter aus den genannten beiden Gleichungen bei gegebenen k und F ermittelt; auf diese Weise wird die gesamte Struktur der Produktionsfonds und der Produktion insgesamt bestimmt.

Natürlich müßte dann von der Abstraktion zu konkreten Untersuchungen übergegangen werden, der Prozeß der Planung vollzieht sich dann näherungsweise, nach dem analytisch-synthetischen Verfahren.

Wir unternahmen den Versuch, den Charakter und die Dynamik unseres Fünfjahrplanes nach diesem Modell zu bestimmen, wobei wir zwei Varianten ausarbeiteten: eine Variante, die im großen und ganzen die Entwicklungslinie fortsetzt, die bis zum letzten Jahr vorherrschte, die aber vom Standpunkt des effektiven Fondseinsatzes am wenigsten genügen kann, und eine Variante, die hohe Anspannungen voraussetzt. Das Ergebnis dieser Berechnungen wurde in Tabelle 4 dargestellt.

Einige Erläuterungen zu dieser Tabelle: Die Daten über das Nationaleinkommen (Y) und die Produktionsfonds insgesamt (F) erhielten wir direkt aus den Daten des Volkswirtschaftsplans (zu Preisen des Jahres 1925/26). Angaben über die Höhe der produktiven Akkumulationen (Y_E) entnahmen wir den Daten über den Zuwachs der Produktionsfonds. Der verbrauchte Teil des Nationaleinkommens (Y_U) bildet die Differenz $Y - Y_E = Y_U$.

Die Effektivität der Produktionsfonds insgesamt wird nach der folgenden Gleichung bestimmt:

$$k = \frac{Y}{F}.$$

Die Wachstumsraten Y', Y'_E, Y'_U und F' sowie die Steigerung der Verhältnisse $\frac{Y_E}{Y}$ und $\frac{Y_E}{Y_U}$ ergeben sich unmittelbar aus den vorher gewonnenen Daten und wurden von uns jeweils für den 1. Oktober als mittlere Interpolationswerte bestimmt.

Bei näherer Betrachtung der Dynamik von $\frac{Y_E}{Y}$, Y', Y'_E und Y'_U in der Fünfjahrplanperiode ist zu ersehen, daß es keine Gleichmäßigkeit in der Verteilung des Nationaleinkommens gibt. Besonders schwerwiegend ist das sinkende Wachstum der Konsumtion zum 1. Oktober 1929 und das beträchtliche Schwanken der Größe Y_U in den darauffolgenden Jahren.

Die Wachstumsstruktur des Nationaleinkommens $\left(\frac{Y_E}{Y_U}\right)$ erhöht sich nach dem Plan von 1928 (gleich 23,8%) bis 1929 (43,5%) sprunghaft; danach vermindert sich die Dynamik: 55,9%; 67,0% und 72,0%.

Die zweite Variante garantiert in quantitativer Hinsicht den Aufbau des Sozialismus im genannten Zeitraum in vollem Maße.

Es wäre notwendig, eine ganze Reihe von Varianten auszuarbeiten, wobei jeweils nur der *Effektivitätskoeffizient der Produktionsfonds* und die *Akkumulationsrate* in den Grenzen

des Möglichen verändert würden. Jede Variante kann von einem qualifizierten Statistiker innerhalb von ein bis zwei Tagen errechnet werden. Die Hauptschwierigkeit besteht darin, die Grenzen für die Entwicklung der Fondsquote zu bestimmen; aber diese Schwierigkeit ist bedeutend geringer, als die Steigerung der Arbeitsproduktivität im Planzeitraum zu bestimmen. Als Orientierungswerte können die Daten über die Entwicklung der Koeffizienten in den fortgeschrittenen Industriestaaten genommen werden.
Um den Berechnungen eine größere Sicherheit zu geben, wäre es erforderlich, daß die tendenzielle Entwicklung der Effektivitätskoeffizienten k, k_E und k_U tiefgründiger in ihrer ganzen strukturellen Kompliziertheit untersucht würde.
Nachdem eine ganze Reihe von Varianten über die mögliche Entwicklung der Produktivkräfte und der Produktion errechnet worden sind, kann dann unter Berücksichtigung der politischen Voraussetzungen eine bestimmte ausgewählt werden.
In unseren Berechnungen haben wir weder den Arbeitslohn, noch die Arbeitsproduktivität und auch nicht das Wachstum der Beschäftigtenzahl berücksichtigt. Das geschah aus zwei Gründen.

Erstens: Bei dem vorgesehenen Wachstum der Konsumtion reduziert sich das Problem des Arbeitslohnfonds auf die Frage nach der Verteilung des Nationaleinkommens zwischen den Klassen; dieses Problem kann nicht mathematisch behandelt werden. Das vorgesehene Wachstum der Konsumtion übertrifft in jedem Falle alles bisher dagewesene und bietet alle Voraussetzungen für die vollständige Befriedigung der wachsenden Bedürfnisse der Bevölkerung.

Zweitens: In theoretischer Hinsicht ergeben sich in bezug auf unsere Methode keine neuen Probleme.

Tabelle 1

Das Nettoprodukt, die Grund- und Umlauffonds und die Fondsquote der Zweige der Volkswirtschaft (nach den Daten aus den Kontrollziffern und des Fünfjahrplans – optimale Variante – in Preisen des Wirtschaftsjahres 1925/26)

	Nettoprodukt	Produktionsfonds			Fondsquote in %
		Grund-	Umlauf-	insges.	
Wirtschaftsjahr 1925/26					
Industrie	5583	9861	3634	13495	41,4
Landwirtschaft	11392	15624	10139	25763	44,2
Eisenbahntransport	621	9577	326	9903	6,3
See- u. Flußschiffahrt	84	295	43	338	24,9
Post- u. Fernmeldewesen	94	228	30	258	36,4
Handel u. Versorgung	2910	349	1782	2131	136,6
Bauwesen	1173	–	–	720	162,9
insgesamt	21857	–	–	48968	41,5
Wirtschaftsjahr 1926/27					
Industrie	6781	10510	4464	14974	45,3
Landwirtschaft	11409	16624	10614	27238	41,9
Eisenbahntransport	713	9673	389	10062	7,1
See- u. Flußschiffahrt	78	321	67	388	20,1
Post- u. Fernmeldewesen	103	246	40	286	36,0
Handel u. Versorgung	2820	470	2139	2609	108,1
Bauwesen	1289	–	–	1074	120,0
insgesamt	23193	–	–	56631	41,0
Wirtschaftsjahr 1927/28					
Industrie	8152	11575	4930	16505	49,4
Landwirtschaft	11311	17509	11755	29264	38,7
Eisenbahntransport	908	9949	431	10380	8,7
See- u. Flußschiffahrt	69	359	90	449	15,4
Post- u. Fernmeldewesen	117	272	51	323	36,2
Handel u. Versorgung	2892	617	2383	3000	96,4
Bauwesen	1512	–	–	1582	95,6
insgesamt	24961	–	–	61503	40,6

Fortsetzung Tabelle 1

	Netto-produkt	Produktionsfonds			Fonds-quote in %
		Grund-	Umlauf-	insges.	
Wirtschaftsjahr 1928/29					
Industrie	9490	13088	5085	18173	52,2
Landwirtschaft	11708	18386	12437	30823	38,0
Eisenbahntransport	999	10418	409	10827	9,2
See- u. Flußschiffahrt	75	423	90	513	14,6
Post- u. Fernmeldewesen	123	313	50	363	33,9
Handel u. Versorgung	3182	840	2587	3427	92,9
Bauwesen	1906	–	–	2332	81,7
insgesamt	27483	–	–	66458	41,4
Wirtschaftsjahr 1929/30					
Industrie	11297	15267	5899	21166	53,4
Landwirtschaft	12845	19507	14466	33973	37,8
Eisenbahntransport	1088	11146	432	11578	9,4
See- u. Flußschiffahrt	84	516	100	616	13,6
Post- u. Fernmeldewesen	125	369	57	426	29,3
Handel u. Versorgung	3680	1172	3113	4285	85,9
Bauwesen	2627	–	–	3397	71,3
insgesamt	31746	–	–	75441	42,1
Wirtschaftsjahr 1930/31					
Industrie	13343	18445	6947	25392	52,5
Landwirtschaft	14107	20970	16876	37846	37,3
Eisenbahntransport	1235	12231	460	12691	9,7
See- u. Flußschiffahrt	95	641	112	753	12,6
Post- u. Fernmeldewesen	131	430	65	495	26,5
Handel u. Versorgung	4375	1635	3907	5542	78,9
Bauwesen	3461	–	–	5001	69,2
insgesamt	36747	–	–	87720	41,9

Fortsetzung Tabelle 1

	Netto-produkt	Produktionsfonds			Fonds-quote in %
		Grund-	Umlauf-	insges.	
Wirtschaftsjahr 1931/32					
Industrie	15899	23021	8266	31287	50,8
Landwirtschaft	15498	22704	19928	42632	36,4
Eisenbahntransport	1473	13723	492	14215	10,4
See- u. Flußschiffahrt	108	791	127	918	11,8
Post- u. Fernmeldewesen	138	496	73	569	24,3
Handel u. Versorgung	5143	2248	4974	7222	71,2
Bauwesen	4343	–	–	6797	63,9
insgesamt	42602	–	–	103640	41,1
Wirtschaftsjahr 1932/33					
Industrie	19201	28852	9926	38778	49,5
Landwirtschaft	17504	24682	23608	48290	36,2
Eisenbahntransport	1764	15773	527	16300	10,8
See- u. Flußschiffahrt	123	957	144	17101	11,2
Post- u. Fernmeldewesen	148	566	81	647	22,9
Handel u. Versorgung	6099	3055	6323	9378	65,0
Bauwesen	5329	–	–	8568	62,2
insgesamt	50168	–	–	123062	40,8

Tabelle 2

Wachstum des Nationaleinkommens in Abhängigkeit von der Akkumulationsrate

Zu Beginn des Jahres	1	2	3	4	5	6
Y'	0,075	0,094	0,113	0,132	0,151	0,170
Y	1,000	1,085	1,198	1,350	1,540	1,788
$\frac{Y_E}{Y}$	0,167	0,209	0,251	0,293	0,336	0,378
Y_E	0,167	0,237	0,305	0,396	0,518	0,676
Jahreszuwachs von Y_E	–	42,0%	28,8%	30,0%	31,0%	30,4%
Y_U	0,833	0,876	0,947	1,057	1,204	1,410
Jahreszuwachs von Y_U	–	5,0%	8,1%	11,7%	13,0%	17,0%

Tabelle 3

Wachstum des Nationaleinkommens in Abhängigkeit von der Akkumulationsrate und der sich verändernden Fondsquote

Jahre	1	2	3	4	5	6.
k'	0,133	0,118	0,105	0,095	0,087	0,080
$\frac{Y_E}{Y}$	– 0,129	– 0,047	0,014	0,059	0,093	0,120
Y_E	– 0,129	– 0,051	0,016	0,080	0,143	0,214
Jahreszuwachs von Y_E	–	–	–	37,6%	79,0%	49,5%
Y_U	1,129	1,136	1,181	1,270	1,397	1,574
Jahreszuwachs von Y_U	–	0,5%	4,0%	7,6%	10,0%	12,8%

Tabelle 4

Varianten zur Demonstration der Dynamik des Nationaleinkommens, der Produktionsfonds und der Fondsquote in der Zeit von 1926 bis 1950 (zu Preisen des Wirtschaftsjahrs 1925/26)

per 1. 10.	National-einkommen	produktive Akkumu-lation	Konsum-tion	Akkumu-lations-rate	„Wachstums"-struktur des Nationalein-kommens
	Y	Y_E	Y_U	$Y_E : Y$	$Y_E : Y_U$
	1	2	3	4	5
Minimale Variante (in Mio.)					
1926	22525	4024	18501	17,9	21,8
1927	24077	4872	19205	20,2	25,4
1928	26222	5045	21177	19,2	23,8
1929	29615	8983	20632	30,3	43,5
1930	34247	12279	21968	35,9	55,9
1931	39675	15920	23755	40,1	67,0
1932	46385	19422	26963	41,9	72,0
1935	73485	29928	43557	40,7	68,7
1938	109606	40434	69172	36,9	58,5
1941	153085	50940	102145	33,3	49,9
1944	202252	61446	140806	30,4	43,6
1947	255440	71952	183488	28,2	39,2
1950	310992	82458	228534	26,5	36,1
Maximale Variante (in Mrd.)					
1926	22,5	4,0	18,5	17,9	21,8
1927	24,1	4,9	19,2	20,2	25,4
1928	26,2	5,0	21,2	19,2	23,8
1929	29,6	9,0	20,7	30,3	43,5
1930	41,9	15,4	26,5	36,8	58,2
1931	60,6	26,3	34,3	43,4	76,7
1932	91,3	45,6	45,6	50,0	100,0
1935	224,5	112,2	112,2	50,0	100,0
1938	552,2	276,1	276,1	50,0	100,0
1941	1358,4	679,2	679,2	50,0	100,0
1944	3341,7	1670,9	1670,9	50,0	100,0
1947	8220,7	4110,4	4110,4	50,0	100,0
1950	20222,9	10111,5	10111,5	50,0	100,0

Fortsetzung Tabelle 4

per 1. 10.	*Produktionsfonds* insges.	f. d. erweiterte Reproduktion	f. d. einfache Reprod.	„Wachstums"-struktur d. Fonds	Maxim. Wachstum bei proport. Entwicklung d. Volkswirtschaft
	F	F_E	F_U	$F_E : F_U$	$F'_E = F'_U$
	6	7	8	9	10

Minimale Variante (in Mio.)

1926	54619	8711	45908	19,0	7,4
1927	59067	10980	48087	22,8	8,2
1928	63981	11171	52810	21,2	7,9
1929	70950	20381	50569	40,3	12,7
1930	81581	28131	53450	52,6	15,0
1931	95680	37170	58510	63,5	16,6
1932	113351	45944	67407	68,2	17,2
1935	187376	73353	114023	64,3	16,0
1938	292919	102885	190034	54,1	13,8
1941	429980	134762	295218	45,6	11,8
1944	598559	169273	429286	39,4	10,3
1947	798656	206759	591897	34,9	9,0
1950	1030271	247622	782649	31,6	8,0

Maximale Variante (in Mrd.)

1926	54,6	8,7	45,9	19,0	7,4
1927	59,1	11,0	48,1	22,8	8,2
1928	64,0	11,2	52,8	21,2	7,9
1929	71,0	20,4	50,6	40,3	12,7
1930	81,9	29,2	52,7	55,4	18,8
1931	100,0	42,6	57,5	74,1	26,3
1932	130,4	64,3	66,0	97,4	35,0
1935	320,7	158,3	162,4	97,4	35,0
1938	788,9	389,3	399,6	97,4	35,0
1941	1940,6	957,7	983,0	97,4	35,0
1944	4774,0	2355,9	2418,0	97,4	35,0
1947	11743,9	5795,4	5948,4	97,4	35,0
1950	28889,9	14256,9	4633,1	97,4	35,0

Fortsetzung Tabelle 4

per 1. 10.	Wachstumsraten der Fonds			Fondsquoten			Wachstumsraten des Nationaleinkommens u. seiner Teile		
	F'	F'_E	F'_U	k	k_E	k_U	Y'	Y'_E	Y'_E
	11	12	13	14	15	16	17	18	19
Minimale Variante (in Mio.)									
1926	–	–	–	41,2	46,2	40,3	–	–	–
1927	8,1	26,0	4,7	40,8	44,4	39,9	6,9	21,1	3,8
1928	8,3	1,7	9,8	41,0	45,2	40,1	8,9	3,6	10,3
1929	10,9	82,4	–4,2	41,7	44,1	40,8	12,9	78,1	–2,6
1930	15,0	38,0	5,7	42,0	43,6	41,1	15,6	36,7	6,5
1931	17,3	32,1	9,5	41,5	42,8	40,6	15,8	29,7	8,1
1932	18,5	23,6	15,2	40,9	42,3	40,0	16,9	22,0	13,5
1935	18,2	16,9	19,2	39,2	40,8	38,2	16,6	15,5	17,3
1938	16,1	11,9	18,6	37,4	39,3	36,4	14,3	10,5	16,7
1941	13,6	19,4	15,8	35,6	37,8	34,6	11,8	8,0	13,9
1944	11,7	7,9	13,3	33,8	36,3	32,8	9,7	6,4	11,3
1947	10,1	6,9	11,3	32,0	34,8	31,0	8,1	5,4	9,2
1950	8,9	6,2	9,8	30,2	33,3	29,2	6,8	4,6	7,6
Maximale Variante (in Mrd.)									
1926	–	–	–	41,2	46,2	40,3	–	–	–
1927	8,1	26,0	4,7	40,8	44,4	39,9	6,9	21,1	3,8
1928	8,3	1,7	9,8	41,0	45,2	40,1	8,9	3,0	10,3
1929	10,9	82,4	–4,2	41,7	44,1	40,8	12,9	78,1	–2,6
1930	15,4	43,5	4,2	51,1	52,7	50,2	41,3	71,4	28,2
1931	22,2	45,8	9,1	60,5	61,7	59,6	44,7	70,7	29,6
1932	30,2	51,1	14,8	70,0	70,9	69,1	50,7	73,6	33,1
1935	35,0	35,0	35,0	70,0	70,9	69,1	35,0	35,0	35,0
1938	35,0	35,0	35,0	70,0	70,9	69,1	35,0	35,0	35,0
1941	35,0	35,0	35,0	70,0	70,0	69,1	35,0	35,0	35,0
1944	35,0	35,0	35,0	70,0	70,0	69,1	35,0	35,0	35,0
1947	35,0	35,0	35,0	70,0	70,0	69,1	35,0	35,0	35,0
1950	35,0	35,0	35,0	70,0	70,0	69,1	35,0	35,0	35,0

Anhang II

Erläuterung der Symbole

U – Teil der gesellschaftlichen Produktion (des Nettoprodukts) in der Industrie, der der Erzeugung von Konsumtionsmitteln sowie Produktionsmittel dient, die für die *Aufrechterhaltung* des Produktionsumfangs der Konsumgüter auf dem jeweils gegebenen Niveau erforderlich sind (abgeleitet von der Abteilung II in den Reproduktionsschemata bei Marx).

E – Teil der gesellschaftlichen Produktion (des Nettoprodukts) in der Industrie, der der *Erweiterung* des gegebenen Produktionsniveaus sowie dem Ersatz der wegen moralischen Verschleißes ausscheidenden Produktionsfonds dient (abgeleitet von der Abteilung I in den Reproduktionsschemata bei Marx).

F – Bestand an Produktionsgrund- und -umlauffonds.

F_U – Produktionsfonds in Abteilung U

F_E – Produktionsfonds in Abteilung E.

$F = F_U + F_E$.

Y – Nationaleinkommen, der gesamte neugeschaffene Wert in beiden Abteilungen.

Y_U – Nettoprodukt in Abteilung U.

Y_E – Nettoprodukt in Abteilung E.

$Y = Y_U + Y_E$.

k – Effektivität der Produktionsfonds, definiert als $\frac{Y}{F}$ (Nettofondsquote).

k_U – Nettofondsquote in Abteilung U.

k_E – Nettofondsquote in Abteilung E.

B – Anzahl der Beschäftigten in der materiellen Produktion.

B_U – Anzahl der Beschäftigten in Abteilung U.

B_E – Anzahl der Beschäftigten in Abteilung E.

$B = B_U + B_E$.

a – Arbeitsproduktivität, definiert als Verhältnis $\frac{Y}{B}$ (Nettoprodukt je Arbeitskraft in der materiellen Produktion)

a_U – Arbeitsproduktivität in der Abteilung U.

a_E – Arbeitsproduktivität in der Abteilung E.

A_M – Ersatz für den moralischen Verschleiß der Grundmittel.

b – jährliche Abschreibungsrate.

v_U – Teil der Produktion in Abteilung U, der von den Arbeitskräften in Abteilung U verbraucht wird.

m_U – Mehrprodukt in Abteilung U.

Y_U – $Y_{Uv} + Y_{Um}$.

r – Wachstumsrate des Nationaleinkommens.

r_U – Wachstumsrate des Nettoprodukts in Abteilung U.

r_E – Wachstumsrate des Nettoprodukts in Abteilung E.

w – Wachstumsraten der Elemente.

w_F – Wachstumsrate der Produktionsfonds.

w_{FU} – Wachstumsrate der Produktionsfonds in Abteilung U.

w_{FE} – Wachstumsrate der Produktionsfonds in Abteilung E.

w_k – Wachstumsrate der Fondseffektivität.

w_{kU} – Wachstumsrate der Fondseffektivität in Abteilung U.

w_{kE} – Wachstumsrate der Fondseffektivität der Abteilung E.

s – Strukturkoeffizient.

s_F – Struktur der Produktionsfonds, definiert als das Verhältnis $\frac{F_E}{F_U}$.

s_Y – Struktur der Produktion, definiert als das Verhältnis $\frac{Y_E}{Y_U}$.

FA – Fondsausstattung der Arbeit, definiert als $\frac{F}{B}$.

FA_U – Fondsausstattung der Arbeit in Abteilung U.

FA_E – Fondsausstattung der Arbeit in Abteilung E.

$y_{U\varphi}$ – realer Arbeitslohn je Beschäftigten.

φ_a – $\frac{y_{U\varphi}}{a}$ (Verhältnis zwischen Reallohn und Arbeitsproduktivität).

Inhaltsverzeichnis

Bei Fragen zur Produktsicherheit wenden Sie sich bitte an:
If you have any questions regarding product safety,
please contact:

Walter de Gruyter GmbH
Genthiner Straße 13
10785 Berlin
productsafety@degruyterbrill.com